TEXTE NATIONAL POUR L'ORIENTATION DE LA CATÉCHÈSE EN FRANCE

ET PRINCIPES D'ORGANISATION

CONFÉRENCE DES ÉVÊQUES
DE FRANCE

TEXTE NATIONAL POUR L'ORIENTATION DE LA CATÉCHÈSE EN FRANCE

ET PRINCIPES D'ORGANISATION

Préface du
CARDINAL JEAN-PIERRE RICARD

Documents d'Église

BAYARD ÉDITIONS – FLEURUS-MAME
LES ÉDITIONS DU CERF
PARIS

2006

Imprimé en France

Bayard Éditions/Centurion
3, rue Bayard
75393 Paris Cedex 08
ISBN 10 : 2-227-47671-0
ISBN 13 : 978-2-227-47671-4

Fleurus-Mame
15-27, rue Moussorgski
75018 Paris
ISBN 10 : 2-7289-1234-3
ISBN 13 : 978-2-7289-1234-6

Les Éditions du Cerf
www.editionsducerf.fr
29, boulevard La Tour-Maubourg
75340 Paris Cedex 07
ISBN 10 : 2-204-08320-8
ISBN 13 : 978-2-204-08320-1

ISSN 0983-9062

Préface

Nous publions ici deux textes importants votés par les évêques français à leur Assemblée de Lourdes en novembre 2005. Ils concernent la responsabilité catéchétique de l'Église et s'adressent à tous ceux qui se sentent concernés par cette mission essentielle d'éducation de la foi à tous les âges.

Le premier texte est une réflexion fondamentale et s'intitule *Texte national pour l'orientation de la catéchèse en France*. Il n'est pas à proprement parler un Directoire, mais répond au souhait du *Directoire général pour la catéchèse* que voient le jour des « textes d'orientations générales, établis par les Conférences des évêques ou publiés sous leur autorité ». Il a obtenu l'approbation du Siège apostolique et nous sommes heureux de le promulguer aujourd'hui.

Le second texte oriente la pratique par des *Propositions pour l'organisation de l'action catéchétique en France*. Il essaie de répondre à la diversité des situations et des attentes, selon les diocèses et à l'intérieur de chaque diocèse. Il appartient à chaque évêque de conduire les activités catéchétiques de son diocèse et de fixer l'articulation entre les différentes propositions d'organisation.

Une question a dominé l'intense réflexion qui a accompagné l'élaboration de ces deux textes. Comment transmettre la foi dans le contexte de crise de transmission généralisée que connaît la société tout entière ? « C'est la grammaire élémentaire de l'existence humaine qui vient à faire défaut », affirmait la *Lettre des évêques aux catholiques de France* en 1996. Une génération d'enfants, de jeunes et de parents est aujourd'hui façonnée par une culture nouvelle : médias omniprésents, nouveaux moyens de communication, globalisation de la planète, principes éducatifs qui ont profondément évolué au sein des familles et de l'école. Le rapport au christianisme a changé, le lien à l'Église s'est affaibli et les références chrétiennes sont devenues floues, les autres religions font entendre leur voix et le rapport à la Vérité s'en est trouvé modifié.

Pourtant, plus l'évidence chrétienne s'estompe dans notre société, plus de nouveaux venus, à tous les âges, cherchent le Christ, veulent le connaître et vivre de son message. Quête de sens, recherche de la Vérité, aspiration à un art de vivre, les pierres d'attente, aujourd'hui, ne manquent pas. Elles sont comme autant de nouvelles chances pour l'Évangile.

Au moment de répondre à cette interrogation, les évêques avaient fait entendre pour tous les catholiques l'appel à « aller au cœur de la foi ». Pour renouveler la pratique de la catéchèse, il avait semblé important que les baptisés redécouvrent l'importance du mystère pascal comme fondateur de toute foi et de toute vie chrétienne. Le renouveau de la catéchèse passe par le renouveau de la foi et des communautés.

« Nous avons fait le choix de la pédagogie d'initiation », affirme le *Texte national pour l'orientation de la catéchèse en France*. Cette pédagogie était pratiquée par les Pères de l'Église qui préconisaient l'initiation par les « mystères ». Parmi les pratiques nouvelles que connaît l'Église en France, celle du catéchuménat des adultes commence à marquer les communautés paroissiales. Celles-ci y retrouvent l'expérience des chrétiens des premiers siècles ou des jeunes Églises. Accompagnant des nouveaux venus à la foi, des communautés se renouvellent en profondeur, se remettant elles-mêmes en « état d'initiation ».

Ainsi, trois convictions fortes portent la nouvelle orientation pour la catéchèse : celle-ci s'inscrit dans la mission d'évangélisation de l'Église ; elle sera guidée par la pédagogie du Christ, catéchète et initiateur ; elle sera vécue dans des communautés missionnaires.

Le *Texte national pour l'orientation de la catéchèse en France* est avant tout une orientation fondamentale ou, pour prendre le langage de la musique, la « note fondamentale ». Pour la structure catéchétique, on se référera à celle qui remonte aux origines de l'Église. Ses quatre composantes ouvrent l'accès à la Bible comme à la vie de l'Église : le Symbole des Apôtres, les sacrements, le Décalogue, la Prière du Seigneur. Le *Catéchisme de l'Église catholique* – ainsi que son *Abrégé* – demeure le texte de référence contenant de façon « sûre et authentique » tous les éléments de la doctrine catholique.

Face à ces enfants, ces jeunes et ces adultes, auxquels nous sommes envoyés, mettons en œuvre, avec joie et confiance, cette mission du Maître qui nous dit : *« Allez donc ! De toutes les nations faites des disciples »* (Mt 28, 19).

+ JEAN-PIERRE CARDINAL RICARD,
archevêque de Bordeaux,
président de la Conférence des évêques de France.

TEXTE NATIONAL POUR L'ORIENTATION DE LA CATÉCHÈSE EN FRANCE

CONGRÉGATION POUR LE CLERGÉ

DÉCRET

N. 20062430

« *Divers épiscopats élaborent au niveau national des instruments plus portés sur la réflexion et l'orientation, qui fournissent les critères d'une catéchèse judicieuse et adaptée... Destinés principalement aux responsables et aux catéchistes, ils éclaircissent le concept de catéchèse* » (*Directoire général pour la catéchèse*, n. 282).

C'est le sens du présent *Texte national pour l'orientation de la catéchèse en France*, qui, sans être normatif, est publié avec l'autorité des évêques afin de « *préciser des points d'attention pour l'élaboration de normes et d'orientations catéchétiques dans les diocèses* » (Lettre du président de la Conférence des évêques de France du 18 décembre 2005).

La Congrégation pour la Doctrine de la Foi a accordé l'assentiment requis après examen du texte du point de vue doctrinal.

La Congrégation pour le Clergé a apprécié la richesse d'intuitions de ce texte et le louable effort d'inculturation qu'il représente du point de vue catéchétique.

Le texte fait droit à la pédagogie originale de la foi, ouvrant des voies à la catéchèse permettant d'harmoniser, sans jamais les séparer, tant l'accueil du don de Dieu dans l'expérience ecclésiale *(fides qua)*, que l'enseignement du contenu objectif du message chrétien *(fides quae)* (cf. *Directoire général pour la catéchèse*, n. 144).

C'est pourquoi la Congrégation pour le Clergé, à teneur des canons 775 § 2 et 827 § 1 du Code de Droit Canonique et de l'art. 94 de la Constitution *Pastor Bonus*.

CONCÈDE L'APPROBATION PRESCRITE.

La Congrégation se réjouit grandement de l'accord obtenu et souhaite que ce pas important suscite beaucoup d'autres initiatives régionales et nationales, qu'elle ne manquera pas d'encourager et d'approuver comme de droit avant leur promulgation (cf. *Sacrée Congrégation pour la Doctrine de la Foi*, réponse N. 2221/67 du 7 juillet 1983).

Veuille la Trinité Sainte bénir ce service de la foi que la Conférence des évêques entend réaliser au service des hommes et des femmes du troisième millénaire qui, attirés mystérieusement par l'Esprit Consolateur, pourront ainsi mieux suivre le Christ tout les jours, guidés par Marie, étoile de l'évangélisation et Vierge de la Pentecôte.

Du Vatican, le 7 octobre 2006
Mémoire de Notre Dame du Rosaire

Dario Cardinal CASTRILLÓN HOYOS
Préfet

Monseigneur GIOVANNI CARRÙ
Sous-secrétaire

AVANT-PROPOS

Le *Directoire général pour la catéchèse*, publié en 1997 par la Congrégation romaine pour le clergé avec l'approbation du pape Jean Paul II, souhaite que les conférences épiscopales publient des textes donnant les fondements de la catéchèse pour leurs Églises particulières. « *Destinés principalement aux responsables et aux catéchistes, ils éclaircissent le concept de catéchèse : sa nature, finalité, tâches, contenus, destinataires, méthode. [...] Ces lignes directrices ou orientations conductrices constituent habituellement une profonde source d'inspiration pour la catéchèse des Églises locales. Aussi leur élaboration est-elle recommandée et opportune, d'autant qu'elles constituent un point de référence important pour la formation des catéchistes* [1]. »

Tel est donc l'objectif de ce *Texte national pour l'orientation de la catéchèse en France*. Pour rédiger notre texte, nous ne partons pas de rien. Nous sommes des héritiers. Et des héritiers pleins de reconnaissance. Ce n'est pas le lieu d'écrire ici une histoire de la catéchèse en France, mais il est indispensable de montrer que notre propos s'inscrit dans le prolongement d'un effort séculaire.

1. *Directoire général pour la catéchèse*, n° 282.

Nous sommes des héritiers.

À chaque période de son histoire, l'Église a voulu trouver les chemins d'une catéchèse exprimant sa fidélité à Dieu et aux hommes. Elle s'est toujours préoccupée de porter dans l'espace des hommes et des femmes de son temps la foi qui fait vivre. Le siècle dernier, en particulier, l'Église qui est en France a répondu au défi du temps en redécouvrant ou en mettant en relief certains aspects fondamentaux de la catéchèse.

L'Église a voulu répondre au « *désir légitime de tout baptisé d'apprendre de l'Église ce qu'elle a reçu et ce qu'elle croit* [1] » en publiant de nombreux catéchismes, dont le *Catéchisme de l'Église catholique* (1992) et son *Abrégé* (2005) sont l'expression la plus élaborée. Il fut précédé, en France, par des catéchismes qui ont fait date, notamment le *Catéchisme national à l'usage des diocèses de France* de 1937 (revu en 1947) et le *Catéchisme pour adultes* des évêques de France, de 1991.

Au fur et à mesure de la sécularisation de la société, l'Église a pris conscience que la catéchèse devait être vécue dans une sorte de « bain ecclésial ». Incontestablement les mouvements, mais aussi les récits missionnaires, les kermesses et autres fêtes populaires ont eu un aspect catéchétique et ont favorisé l'acquisition d'une identité chrétienne ouverte et missionnaire. Bien plus, le concile Vatican II et les pontificats de Paul VI et de Jean Paul II, qui en ont diffracté les richesses, ont été proprement catéchétiques en montrant le lien indissociable entre le Christ, « *lumière des peuples* », et l'Église.

Tout au long du siècle, la catéchèse s'est de plus en plus appuyée sur la Bible, comme si les catholiques prenaient toujours davantage conscience de la vérité de

1. *Directoire général pour la catéchèse*, n° 121.

l'adage de saint Jérôme : « *L'ignorance des Écritures est l'ignorance du Christ lui-même.* » Cette redécouverte s'est accompagnée d'une autre prise de conscience, celle de l'importance de la liturgie, et du fait que « *l'Église croit comme elle prie* ». Parmi d'autres documents, citons le nouveau *Rituel pour l'initiation chrétienne des adultes* (1997) et, en France, *Il est grand le mystère de la foi* (1978).

Enfin, le siècle dernier a été marqué par la découverte de la possibilité d'une véritable maturité de la foi à chacune des étapes de la vie. À cet égard, la décision de Pie X de proposer la communion dès l'âge de raison fut véritablement prophétique ; cette découverte conduisait à prendre en compte les différents âges dans la pédagogie de la catéchèse et à mettre au point des parcours appropriés. La catéchèse de l'enfance fut l'objet de beaucoup d'efforts comme en témoigne, en France, la publication du *Texte de référence* pour la catéchèse des enfants (1979) et de *Pierres vivantes* (1980).

Pour autant, se sont aussi multipliés les efforts pour une catéchèse des adultes ; en témoignent, notamment, le *Mode d'emploi du Catéchisme pour adultes* (1992), les nombreux efforts des équipes chargées du catéchuménat, l'accueil de ceux que l'on a appelés « les recommençants » et la mise en place progressive de véritables parcours de catéchèse prématrimoniaux. Une lecture attentive de ces initiatives montre que l'attention ne se porte pas seulement sur l'âge, mais sur la personne des catéchisés, leur histoire et leur culture propres.

Le récent *Directoire général pour la catéchèse* prend en compte cette histoire pour l'Église universelle, en insistant sur la nécessité d'insérer la catéchèse dans l'élan de l'évangélisation, demande qui avait été formulée par les exhortations apostoliques *Evangelii nuntiandi* de Paul VI (1975) et *Catechesi tradendae* de Jean Paul II (1979).

Une analyse nouvelle de la situation.

Pour que ce riche héritage demeure vivant, le *Directoire général pour la catéchèse* invite à le renouveler en analysant la situation. « *L'objet de cette recherche est complexe. Il embrasse, en effet, l'examen de l'activité pastorale et l'analyse de la situation religieuse ainsi que des conditions sociologiques, culturelles et économiques, puisque les données de la vie collective peuvent avoir une grande influence sur le développement de l'évangélisation* [1]. »

Nous avons fait cette analyse dans la première partie de la *Lettre aux catholiques de France* (Proposer la foi dans la société actuelle, 1996). Elle nous avait poussés à proposer aux catholiques d'« *aller au cœur du mystère de la foi* » en se fiant au Dieu de Jésus Christ, en contemplant le mystère de la mort et de la résurrection du Christ pour oser regarder en face le mal qui assaille l'humanité et pour trouver, dans notre monde, des modes de vie significatifs de la foi [2].

C'est donc dans la perspective ouverte par la *Lettre aux catholiques de France* et par le *Directoire général pour la catéchèse* que nous avons lancé un vaste chantier pour renouveler, une fois encore, la pratique de la catéchèse en France.

L'enquête a montré les richesses actuelles de la catéchèse en France : diffusion rapide de ce qu'il est convenu d'appeler l'éveil à la foi, multiplication des demandes de catéchèse de la part d'adolescents, de jeunes adultes (notamment lors de leur mariage) et d'adultes. Mais elle a aussi mis en relief les difficultés de la transmission – spécialement aux enfants – propres à notre société. Elle a

---

1. *Directoire général pour la catéchèse*, n° 279.

2. LES ÉVÊQUES DE FRANCE, *Lettre aux catholiques de France*, 2e partie.

surtout montré que les catéchistes avaient beaucoup de peine à se sentir partie prenante de nos communautés.

Nous avons perçu un vrai désir de renouvellement, demandé avec humilité et attendu avec joie. La *Lettre aux catholiques de France* invitait à « *aller au cœur du mystère de la foi* ». Il nous a semblé qu'il fallait, nous-mêmes, prendre cette démarche au sérieux. Aussi avons-nous proposé aux catholiques de France une véritable démarche spirituelle en Église avec le livret *Aller au cœur de la foi* [1]. En redécouvrant le mystère pascal dans lequel le baptême les a plongés, de nombreux chrétiens ont pris conscience que le renouveau de la catéchèse passe par le renouveau de la foi et des communautés.

Plus de cent mille exemplaires du livret proposant cette démarche ont été distribués. Des milliers de contributions écrites sont parvenues à la Commission épiscopale de la catéchèse et du catéchuménat, rendant compte d'innombrables réunions et réflexions tenues dans toute la France. Nous avons reçu beaucoup de propositions dont l'analyse a largement marqué notre réflexion.

Le temps des propositions.

Voici maintenant venu le moment des propositions. Nous pensons nécessaire d'appeler résolument la catéchèse à se situer dans une volonté d'évangélisation, d'inviter pour cela les communautés à prendre conscience de leur vocation en vivant toujours davantage du mystère pascal, et d'être ainsi, par leur existence et leur manière de vivre, des

1. COMMISSION ÉPISCOPALE DE LA CATÉCHÈSE ET DU CATÉCHUMÉNAT, *Aller au cœur de la foi – Questions d'avenir pour la catéchèse*, Bayard/Cerf/Fleurus-Mame, 2003.

signes pour le monde d'aujourd'hui et, en particulier, pour les catéchisés.

Si toutes les communautés doivent devenir évangélisatrices et, disons-le, catéchétiques, il n'empêche qu'il est nécessaire de prévoir une organisation spécifique de la catéchèse. Dans l'Histoire, le service de la catéchèse a été rendu de manières différentes suivant les époques, les cultures et les moyens disponibles. Aujourd'hui, nous proposons résolument à tous ceux qui demandent la foi à l'Église le chemin de l'initiation. Notre *Texte national pour l'orientation de la catéchèse en France* voudrait inviter à cette démarche particulière mais traditionnelle dans l'Église.

Nous souhaitons que ce document permette aux communautés de nos Églises d'accueillir l'Esprit qui rend toutes choses nouvelles et que, par l'intercession de la Vierge de la Pentecôte, « *naisse dans l'Église une force nouvelle pour engendrer des fils et des filles dans la foi et pour les éduquer à la plénitude dans le Christ*[1] ».

1. *Directoire général pour la catéchèse*, n° 289.

INTRODUCTION GÉNÉRALE

> « *Annoncer l'Évangile est une nécessité qui s'impose à moi.*
> *Malheur à moi si je n'annonçais pas l'Évangile* » (1 Co 9, 16).

Évêques, notre rôle est de « *susciter et maintenir dans nos Églises une véritable passion de la catéchèse, une passion qui s'incarne dans une organisation adaptée et efficace, mettant en œuvre les personnes, les moyens et les instruments et aussi les ressources nécessaires* [1] ». Cette tâche est au cœur de notre responsabilité, dans la mission d'évangélisation confiée à toute l'Église.

Contemplant l'amour du Père qui nous a librement créés et nous a révélés, par le Christ, son dessein d'être « *tout en tous* » (1 Co 15, 28), nous voulons accueillir l'Esprit qui met en notre cœur l'élan missionnaire du Christ lui-même. À nos oreilles retentit sans cesse l'appel de Jean Paul II : « *Allons de l'avant dans l'espérance.* »

Le contexte de l'annonce aujourd'hui.

L'Église annonce l'Évangile dans une société pluraliste où les discours les plus divers se multiplient et laissent

1. JEAN PAUL II, exhortation apostolique *Catechesi tradendae*, n° 63.

perplexes nos contemporains sur la possibilité de trouver la vérité. Quant aux enfants, la proposition de catéchèse fait nombre avec les possibilités d'activités offertes aux familles.

L'Église annonce l'Évangile dans une culture où chacun entend être le maître de ce à quoi il croit et attend de l'Église qu'elle sache l'aider à être pleinement lui-même.

L'Église annonce l'Évangile dans un monde occidental qui doute de lui-même et de ses valeurs. Cette situation de « rupture de tradition » conduit certains à vouloir se servir de la foi chrétienne comme d'une religion sociale ou d'une métaphore de la sagesse.

Pour autant, « *nous pensons que les temps actuels ne sont pas plus défavorables à l'annonce de l'Évangile que les temps passés de notre histoire. La situation critique qui est la nôtre nous pousse, au contraire, à aller aux sources de notre foi et à devenir disciples et témoins du Dieu de Jésus Christ d'une façon plus décidée et plus radicale* [1] ».

Au terme d'une large réflexion.

C'est ce même appel à « *aller ensemble à l'essentiel* [2] » qui nous a guidés pour travailler au renouvellement de la catéchèse en France. « *Avant de décider ce qu'il conviendra de faire, et avant de choisir les moyens pour le faire, nous sommes persuadés,* avons-nous écrit, *qu'il nous faut aller ensemble, les uns avec les autres, au cœur de la foi* [3]. »

Au terme de la très large réflexion suscitée par cet appel, au sein des paroisses, des mouvements, des services, des différents conseils, des communautés religieuses, nous pro-

1. *Lettre aux catholiques de France*, p. 21.
2. *Lettre aux catholiques de France*, p. 41.
3. LES ÉVÊQUES DE FRANCE, Lettre au Peuple de Dieu, dans *Aller au cœur de la foi*, p. 11-12.

posons maintenant une direction, un cadre et des points d'appui sur lesquels chacun de nous, dans nos Églises locales, pourra fonder des orientations diocésaines de catéchèse, quelles que soient les situations particulières et les formes concrètes qu'il choisira de donner à l'activité catéchétique.

Pour éviter que certains mots employés soient interprétés de manière équivoque, un signe (*) renvoie le lecteur aux précisions données par le lexique à la fin de ce *Texte national.*

La nature de ce « Texte national ».

Avec ce *Texte national pour l'orientation de la catéchèse en France*, nous voulons exposer les principes qui fondent l'organisation de la catéchèse en France. Notre but premier n'est pas de développer une réflexion générale sur la catéchèse [1], mais de mettre en œuvre, pour la France, le *Directoire général pour la catéchèse* publié à Rome en 1997, qui est la norme pour l'Église universelle.

Ce *Texte national* présente des fondamentaux (*) de l'acte catéchétique à partir desquels peuvent ensuite s'élaborer des mises en œuvre catéchétiques. Un autre document exposera les principes directeurs de quatre propositions concrètes d'organisation catéchétique [2]. Chaque évêque trouvera ainsi une aide substantielle pour sa responsabilité « *d'organiser la catéchèse diocésaine selon les principes et les normes émanant du Siège Apostolique* [3] ».

---

1. On se reportera pour cela à l'exhortation apostolique *Catechesi tradendae* que le pape Jean Paul II a publiée le 16 octobre 1979, à l'issue de la 4e assemblée générale du Synode des évêques consacré à la catéchèse.
2. Il est à signaler que ces deux textes n'ont pas le même caractère normatif.
3. *Directoire pour le ministère pastoral des évêques*, n° 128.

À cause de son orientation pratique, ce *Texte national* est à la fois distinct et complémentaire du *Catéchisme de l'Église catholique*, et de son *Abrégé*, ainsi que du *Catéchisme pour adultes* des évêques de France auxquels il renvoie pour toute question relative à l'exposé authentique des contenus de la foi.

Les destinataires du texte.

Ce *Texte national pour l'orientation de la catéchèse en France* s'adresse plus particulièrement aux curés de paroisse, aux autres prêtres, aux diacres, aux responsables de la catéchèse et du catéchuménat, aux catéchistes auprès d'enfants, d'adolescents, d'adultes, de personnes handicapées ou marginalisées, aux responsables de mouvements, et plus largement aux communautés chrétiennes de nos diocèses. Il pourra utilement servir de référence pour la formation des catéchistes et responsables de la catéchèse dans notre pays.

CHAPITRE PREMIER

UNE CATÉCHÈSE VÉCUE DANS DES COMMUNAUTÉS MISSIONNAIRES

« La catéchèse est un acte essentiellement ecclésial.

Le vrai sujet de la catéchèse est l'Église qui, continuant la mission du Maître, Jésus, et sous l'action de l'Esprit, a été appelée à être éducatrice de la foi[1]*. »*

1.1. L'Église du Christ est par nature missionnaire.

« *Le but définitif de la catéchèse est de mettre quelqu'un non seulement en contact mais en communion, en intimité avec Jésus Christ*[2] » : c'est Jésus Christ qui initie. Cette affirmation est la porte d'entrée et le fil conducteur de notre démarche.

Quelles que soient les conditions dans lesquelles s'effectue la catéchèse (*), c'est toujours l'Église qui catéchise. Et c'est le Christ, « *lumière des peuples*[3] », qui est le fondement de cette responsabilité de l'Église, lui qui a confié

---

1. *Directoire général pour la catéchèse*, n° 78.
2. Exhortation apostolique *Catechesi tradendae*, n° 5.
3. CONCILE VATICAN II, constitution *Lumen gentium*, n° 1.

à ses apôtres la mission reçue de son Père : « *De même que le Père m'a envoyé, moi aussi, je vous envoie [...] Recevez l'Esprit Saint* » (Jn 20, 21-22).

Le concile Vatican II l'a largement rappelé : l'Église est par nature missionnaire, « *puisque elle-même tire son origine de la mission du Fils et de la mission du Saint-Esprit, selon le dessein de Dieu le Père* [1] ». L'Église est catholique et apostolique, « *elle est une Église missionnaire, envoyée, [...] impatiente de voir l'Évangile rejoindre tous les hommes* [2] ». L'action catéchétique s'enracine dans l'œuvre du Christ qui envoie l'Église, comme le Semeur de la parabole, « *sortant* » sans cesse pour annoncer l'Évangile à tous (Mc 4, 3).

En fait, c'est le Christ qui, par l'Église, son Corps, veut s'approcher des hommes, les inviter à partager sa vie, les libérer du péché et de toute forme d'enfermement, pour les introduire dans l'intimité de son Père. En portant et en incarnant la volonté salvifique de Dieu manifestée en Jésus Christ, l'Église annonce le Royaume, révèle la dignité inaliénable de toute personne humaine et donne sens à l'histoire humaine. Elle ouvre les portes de la foi et de l'espérance.

Si telle est bien la vocation de l'Église, aucun secteur de la vie ecclésiale ne peut dire que l'évangélisation (*) ne le concerne pas, même s'il a le sentiment d'être pauvre et démuni pour cela. La catéchèse aussi, pour sa part, « *fait partie de la mission évangélisatrice de l'Église et en est un "moment" essentiel ; elle puise dans l'évangélisation le dynamisme missionnaire qui la féconde du dedans et lui donne son identité propre* [3] ».

La situation actuelle en France fait percevoir la nécessité d'inscrire la catéchèse dans la vocation missionnaire de

---

1. CONCILE VATICAN II, décret *Ad gentes*, n° 2.
2. LES ÉVÊQUES DE FRANCE, *Catéchisme pour adultes*, Éditeur Catéchèse 80, 1991, n° 328.
3. *Directoire général pour la catéchèse*, n° 59.

l'Église. Celle-ci, présente au milieu du monde, va au-devant des hommes pour leur proposer la foi. Dans notre pays de vieille tradition chrétienne, nombre d'adultes et de jeunes ont pris leur distance vis-à-vis de l'institution ecclésiale, mais, en même temps, beaucoup de nos contemporains manifestent une véritable soif spirituelle. Comment ne pas se sentir appelé à une « nouvelle évangélisation », c'est-à-dire « *rendre toujours plus visible le visage du Christ par une annonce plus incisive, corroborée par un témoignage cohérent* [1] ».

1.2. L'Église est communion missionnaire.

Si nous voulons donner à la catéchèse son dynamisme missionnaire, il nous faut l'inscrire au cœur de la communion ecclésiale. « *L'Église existe pour évangéliser* [2]. » À un titre particulier, cette mission « *incombe aux évêques, assistés par les prêtres, en union avec le successeur de Pierre, mais elle est confiée, en union avec eux, à tous les baptisés* [3] ». La vocation missionnaire de l'Église ne s'exprime pas seulement dans des activités proprement missionnaires, mais dans toute sa vie. Chaque communauté chrétienne, particulièrement la paroisse, « *porte l'Évangile* » en s'efforçant de rassembler les fidèles, en invitant les uns et les autres à exposer leur existence au pouvoir de transformation de l'Évangile, en pressant ses membres d'entrer en conversation avec ceux qui les entourent [4] et de

1. JEAN PAUL II, Conclusion du 2e synode pour l'Europe (23 octobre 1999).
2. PAUL VI, exhortation apostolique *Evangelii nuntiandi*, n° 14.
3. LES ÉVÊQUES DE FRANCE, *Catéchisme pour adultes*, n° 328.
4. « *L'Église doit entrer en dialogue avec le monde dans lequel elle vit. L'Église se fait parole* ; *l'Église se fait message* ; *l'Église se fait conversation* » (PAUL VI, encyclique *Ecclesiam suam*, n° 67).

rendre compte de leur foi, en célébrant la liturgie. C'est par toute sa vie, son discernement et sa parole, que l'Église se met au service de l'homme et lui permet de progresser en humanité selon l'Évangile du Christ.

Le concile Vatican II affirme que l'Église est, dans le Christ, « *comme un sacrement, c'est-à-dire le signe et moyen de l'union intime avec Dieu et de l'unité du genre humain* [1] ». Il souligne ainsi que la communauté-Église n'existe pas pour elle-même, mais qu'elle renvoie, au-delà d'elle-même, au Christ Jésus, et qu'elle est un moyen à sa disposition. Parce qu'elle est « *comme un sacrement, [elle] n'est pas une société close sur elle-même, elle s'associe au travail du Sauveur, en poursuivant son œuvre de réconciliation* [2] ». C'est la vie concrète de l'Église qui « *porte l'Évangile* », l'Église avec ses rassemblements, ses institutions, sa participation aux débats du monde, ses arts et ses monuments, ses personnes telles qu'elles sont, ses balbutiements, ses ombres, ses multiples dimensions corporelles et visibles.

Comme toute autre action de l'Église, la catéchèse trouve sa force dans l'amour du Christ reçu dans la communauté des croyants, accueilli dans la prière, sans cesse renouvelé dans la liturgie et en particulier dans la célébration eucharistique, vécu dans une vie de partage au cœur du monde. Au début de ce millénaire, le pape Jean Paul II rappelait la nécessité d'édifier une telle communion missionnaire : « *Faire de l'Église la maison et l'école de la communion, tel est le grand défi qui se présente à nous [...] si nous voulons être fidèles au dessein de Dieu et répondre aussi aux attentes profondes du monde* [3]. »

---

1. CONCILE VATICAN II, constitution *Lumen gentium*, n° 1.
2. LES ÉVÊQUES DE FRANCE, *Catéchisme pour adultes*, n° 299.
3. JEAN PAUL II, lettre apostolique *Novo millennio ineunte*, n° 43.

1.3. La vocation missionnaire appelle le choix d'une pédagogie d'initiation.

Si la catéchèse doit trouver place dans le dynamisme missionnaire de toute l'Église, tout n'est pas catéchèse et la catéchèse ne recouvre pas le tout de l'évangélisation. La catéchèse est ce que la communauté chrétienne propose à ceux qui, librement, veulent participer à son expérience et à sa connaissance de la foi. Pour caractériser aujourd'hui la responsabilité proprement catéchétique de l'Église, nous faisons le choix de la « pédagogie d'initiation ». En employant cette expression, nous cherchons à préciser la nature du service spécifique et irremplaçable exercé par la catéchèse à l'intérieur de la vocation missionnaire de l'Église.

Nous appelons « pédagogie d'initiation » toute démarche qui travaille à rendre effectif chez une personne l'accueil de Dieu qui attire à lui. Plus loin, le chapitre 3 indiquera sept conditions pour la mise en œuvre de ce choix en catéchèse. Le chapitre 2 précisera quant à lui le fondement pascal d'une pédagogie qui relève de l'initiation. Commençons ici par souligner l'attitude intérieure que ce choix demande aux communautés chrétiennes elles-mêmes.

Dans notre société complexe, rapide, s'exprime une véritable quête d'identité et d'enracinement. Même pour les chrétiens, il n'y a plus d'ordre des choses allant de soi et reconnu par tous. La multiplication des cadres de référence et des repères entraîne leur relativisation et oblige les personnes à vivre leur liberté sans véritable cadre social sur lequel se reposer. Il faut alors trouver un chemin possible pour grandir dans la foi et découvrir la richesse d'être chrétien. La pédagogie d'initiation est l'acte de croyants qui apportent aux personnes tout ce qui pourra leur permettre de « *se tenir dans la vie en croyants* [1] ».

1. *Aller au cœur de la foi*, Lettre au Peuple de Dieu, p. 13.

Tout, aujourd'hui, atteste la véracité de l'adage ancien selon lequel « *on ne naît pas chrétien, mais on le devient* ». La présence des catéchumènes et des recommençants dans nos Églises nous rappelle que, dans la société actuelle, il est possible de faire le choix de croire. Ce choix implique une conversion. Il est le signe d'une liberté intérieure qui souvent prend ses distances avec certains aspects de la culture contemporaine. Il est une décision personnelle, celle d'accueillir le don de Dieu. La pédagogie d'initiation demande aux communautés chrétiennes de réunir les conditions favorables qui permettront aux personnes de faire ce choix.

Dans notre pays de « vieille » chrétienté, les chrétiens ne pourront « former une Église qui propose la foi » sans redécouvrir eux-mêmes le Christ et son Évangile comme une véritable nouveauté. « *Notre Église tout entière doit se mettre davantage en état d'initiation, en percevant et en accueillant plus résolument la nouveauté de l'Évangile pour pouvoir elle-même l'annoncer* [1]. » La pédagogie d'initiation demande à une communauté chrétienne de rendre possible chez des enfants, des jeunes et des adultes l'accueil de ce qui nous construit comme croyants dans l'Église.

1.4. Un exercice diversifié du ministère de la Parole.

Pour exercer sa responsabilité catéchétique, l'Église a besoin de déployer ce choix de la pédagogie d'initiation selon des formes diversifiées et complémentaires du ministère de la Parole. Aujourd'hui, les attentes des personnes sont variées, les histoires individuelles contrastées, les parcours mouvementés, si bien qu'une forme unique de mise en œuvre devient souvent problématique.

1. *Lettre aux catholiques de France*, p. 35.

Proposer une catéchèse ordonnée.

Aujourd'hui, les personnes s'éveillent à la foi à tout âge. On devient chrétien au fil d'un développement continu. Il faut alors être en mesure de proposer, régulièrement et de manière renouvelée, des propositions de catéchèse systématique et ordonnée. Pour répondre au choix de la pédagogie d'initiation, celles-ci doivent revêtir « *le caractère de la formation intégrale, et ne pas se réduire à un simple enseignement* [1] ». Elles rempliront la fonction d'initiation si elles sont centrées « *sur le noyau de l'expérience chrétienne* », poursuivent le but d'établir « *les fondements de l'édifice spirituel du chrétien* » et cherchent à apporter tout ce qui pourra nourrir « *les racines de la vie de foi* [2] ».

Trouver des formes de première annonce.

Le choix d'une pédagogie d'initiation demande que se développent aussi des initiatives de « première annonce », comme il peut en exister par exemple dans l'enseignement catholique de la part de la communauté éducative. Ce sont des propositions ponctuelles, qui ne présupposent pas déjà un acte volontaire de la part de ceux à qui elles sont adressées. Cette annonce est appelée « première » parce qu'elle appelle à croire et conduit au seuil où va être possible une conversion. Elle travaille à éveiller le désir, elle invite à un chemin de foi, elle suscite de l'intérêt, mais sans attendre que la personne à qui elle s'adresse ait déjà choisi de devenir disciple. Elle s'affronte aux questions que la société pose à l'Église et ose une véritable apologétique.

---

1. *Directoire général pour la catéchèse*, n° 29.
2. *Directoire général pour la catéchèse*, n° 67.

Développer une éducation permanente de la foi.

Le choix d'une pédagogie d'initiation demande également que se développent des initiatives pour une éducation permanente de la foi. Ce sont des propositions qui aident les baptisés à nourrir et mûrir sans cesse leur foi, tout au long de leur vie : par l'homélie dans le cadre de l'eucharistie dominicale, par des invitations à une lecture priante des Écritures, par des temps forts communautaires occasionnels, par l'approfondissement systématique d'un aspect de la vie de foi, par le travail sur la Tradition et l'enseignement du Magistère. Cette éducation de la foi est dite « permanente » parce que celui qui croit adhère au Christ et vit la condition du disciple qui marche à sa suite. Il cherche toujours à savoir et à comprendre, même si sa raison ne rend pas compte de toute la vérité, car la vérité de Dieu toujours le dépasse.

De telles propositions trouvent leur cadre naturel dans les familles et dans les paroisses, mais aussi dans bien d'autres lieux d'Église en lien avec l'évêque diocésain, sans oublier les médias chrétiens qui peuvent leur apporter un réel dynamisme.

1.5. L'action catéchétique se vit dans la communion ecclésiale.

Si le dynamisme évangélisateur de l'Église est fondé dans la communion missionnaire, l'action catéchétique a besoin, pour pouvoir s'exercer, de ce que l'on pourrait appeler un « bain » de vie ecclésiale. L'expression – qui ne peut être limitée à une seule connotation sociologique – renvoie à la symbolique baptismale et au lieu vital qu'est l'Église du Christ pour toute catéchèse, dans la communion de ses membres et de ses communautés. Le *Directoire général pour la catéchèse* le rappelle : « *La communauté chrétienne est en elle-même une catéchèse vivante. En vertu de ce qu'elle est, elle annonce, célèbre, agit et demeure toujours le lieu vital, indispensable et premier de la catéchèse* [1]. »

La communauté donne à la catéchèse un milieu nourricier.

« *La catéchèse est intimement liée à toute la vie de l'Église* [2]. » Quand la communauté se nourrit de la Parole de Dieu, quand elle se laisse conduire par les itinéraires de foi que la liturgie lui fait vivre, quand elle puise sa dynamique dans la vie sacramentelle, quand elle développe en son sein des occasions de partager les questions de foi, quand elle vit la réciprocité et l'attention mutuelle par un accueil et une charité inventive, quand elle se soucie de laisser toute leur place aux petits, quand elle participe activement à la vie de la cité et y atteste concrètement l'amour de Dieu, quand elle vit le pardon mutuel et connaît la joie de la réconciliation, quand elle découvre l'Esprit à l'œuvre dans le monde, alors ces différentes facettes de la vie ecclésiale forment comme un « *milieu nourricier où s'enracine l'expérience de foi* [3] ».

La communauté exerce une fonction maternelle.

À l'image et avec l'aide de la Vierge Marie, une communauté catholique exerce ainsi une fonction maternelle à l'égard de la catéchèse. Par l'action de l'Esprit, elle met au monde le Christ dans le cœur des fidèles. Elle nourrit, soutient et fortifie l'éclosion de leur vie de foi. Elle les accompagne dans la croissance de leur vie chrétienne, en se tenant proche d'eux, dans la joie comme dans les diffi-

1. *Directoire général pour la catéchèse*, n° 141.
2. *Catéchisme de l'Église catholique*, Mame-Plon, 1992, n° 7.
3. *Lettre aux catholiques de France*, p. 52.

cultés, en s'appliquant à « *garder dans son cœur* » ce qui marque leur histoire. Sans cette « *sollicitude maternelle* [1] » de la communauté chrétienne, la catéchèse ne pourrait pas aider des hommes et des femmes à « *se tenir dans la vie en croyants* ».

Les prêtres ont à cet égard une responsabilité particulière. Non seulement ils sont des éducateurs de la foi, mais ils doivent veiller à favoriser au sein de la communauté chrétienne l'accueil et l'accompagnement des personnes qui désirent connaître le Christ et cherchent un chemin possible pour vivre de sa vie. « *Conscients que leur sacerdoce ministériel est au service du sacerdoce commun des fidèles* [2] », les prêtres s'efforceront de servir cette maturation progressive des communautés chrétiennes dans leur vocation à être le lieu vital au sein duquel on naît à la foi.

1.6. La catéchèse introduit à la vie ecclésiale.

L'existence d'un « bain ecclésial » est particulièrement déterminante dans un contexte où tout porte à vivre un rapport individualisé au Christ. Beaucoup de personnes viennent à la foi ou vivent de la foi chrétienne sans trouver important de vivre cette foi au sein d'une communauté. C'est donc un défi majeur que de travailler à susciter, construire, faire grandir une vie de communauté.

Une vie de communauté découle de la relation au Christ. Tous ceux qui ont part au même baptême appartiennent au Christ et font partie de son Corps qui est l'Église. Quand le baptisé accepte de se laisser prendre par l'Esprit Saint et reconnaît Dieu comme Père, il est

1. *Directoire général pour la catéchèse*, n° 254.
2. *Directoire général pour la catéchèse*, n° 224.

conduit à reconnaître les autres chrétiens comme frères et sœurs. Or aujourd'hui cette conscience d'appartenir au Corps du Christ ne va pas de soi.

Le concile Vatican II demande aux pasteurs de « *développer vraiment l'esprit communautaire* [1] ». Cela passe aujourd'hui par des initiatives qui rendent possible l'affiliation (*). Pour rendre conscient des liens d'appartenance, il est bon par exemple qu'une communauté chrétienne prenne l'habitude du dialogue sur les questions essentielles ou qu'elle développe le parrainage entre aînés dans la foi et nouveaux croyants.

L'« affiliation » se construit aussi par des propositions spécifiques d'organisation catéchétique. Des temps de catéchèse organisés dans le cadre du rassemblement dominical favorisent une expérience de l'Église comme communauté de croyants quand ils intègrent des temps conviviaux et développent le partage entre personnes de générations et de situations différentes : parents d'enfants catéchisés, néophytes, familles, fiancés, catéchumènes, pratiquants habituels. Les chrétiens se découvrent partie prenante de la catéchèse lorsque des étapes liturgiques célébrées avec l'assemblée du dimanche et la famille des catéchisés rythment la proposition catéchétique qui conduit aux sacrements [2].

Susciter et développer des liens d'appartenance demande enfin d'accepter qu'une communauté chrétienne soit ce qu'elle est, avec ses dynamismes, mais aussi ses lourdeurs institutionnelles, ses lenteurs pastorales, le péché, la fatigue ou l'apathie de ses membres. Il pourrait exister une certaine tentation de vouloir présenter à des nouveaux croyants une Église rêvée, alors que Dieu se

---

1. CONCILE VATICAN II, décret *Presbyterorum ordinis*, n° 6.
2. Le chapitre 3 précisera d'autres composantes nécessaires à un tel « *cheminement de type catéchuménal* » (*Directoire général pour la catéchèse*, n° 247).

donne à rencontrer dans l'épaisseur d'une Église qui ne déserte pas la terre.

> *« La pédagogie catéchistique n'est efficace que dans la mesure où la communauté chrétienne devient la référence concrète et exemplaire du cheminement de foi de chaque personne. Cela se produit si la communauté se propose comme la source, le lieu et le terme de la catéchèse. Elle devient alors concrètement le lieu visible du témoignage croyant, elle pourvoit à la formation de ses membres, les accueille en véritable famille de Dieu, en devenant ainsi le milieu vital et permanent de croissance de la foi.*
>
> *À côté de la proclamation de l'Évangile sous forme publique et collective, la relation de personne à personne, à l'exemple de Jésus et des apôtres, demeure toujours indispensable*[1]. »

1. *Directoire général pour la catéchèse*, n° 158.

CHAPITRE 2

LE MYSTÈRE DE PÂQUES AU CŒUR DE L'INITIATION

« La Veillée pascale, centre de la liturgie chrétienne, et sa spiritualité baptismale sont une source d'inspiration pour toute la catéchèse [1]. *»*

2.1. Le mystère pascal est au cœur de l'expérience chrétienne.

À la Pentecôte, les apôtres inaugurent leur action missionnaire en témoignant de l'événement de la mort et de la résurrection du Christ (Ac 2, 22-24). Cet événement vient illuminer tous les mystères de la vie de Jésus le Nazaréen. Ainsi, « *le mystère pascal de la Croix et de la Résurrection du Christ est au centre de la Bonne Nouvelle que les apôtres, et l'Église à leur suite, doivent annoncer au monde. Le dessein sauveur de Dieu s'est accompli "une fois pour toutes" (He 9, 26) par la mort rédemptrice de son Fils Jésus Christ* [2] ». L'événement de la mort et de la résurrection de Notre Seigneur place au cœur de la catéchèse une personne : Jésus mort et ressuscité. Il est pour toujours présent à son

1. *Directoire général pour la catéchèse*, n° 91.
2. *Catéchisme de l'Église catholique*, n° 571.

Église et agissant en elle, avec le Père et l'Esprit, Dieu vivant à jamais [1].

Cet événement de la mort et de la résurrection est encore davantage au cœur de la catéchèse parce que c'est l'entrée dans ce mystère pascal du Christ qui réalise en chacun l'édification d'une identité chrétienne solide. « *Tous les autres événements de l'histoire arrivent une fois, puis ils passent, engloutis dans le passé. Le mystère pascal du Christ, par contre, ne peut pas rester seulement dans le passé, puisque par sa Mort il a détruit la mort, et que tout ce que le Christ est, et tout ce qu'il a fait et souffert pour tous les hommes, participe de l'éternité divine et surplombe ainsi tous les temps et y est rendu présent. L'événement de la Croix et de la Résurrection* demeure *et attire tout vers la Vie* [2]. »

Toute la liturgie, en particulier la célébration de la veillée pascale, appelle à devenir membre du Corps du Christ par participation au jaillissement de la vie nouvelle qui vient de sa mort et de sa résurrection. La démarche de conversion, suscitée par la Parole agissante de Dieu et signifiée par la renonciation au péché et la profession de foi, ouvre en permanence le cœur des baptisés à la grâce infinie de Dieu, Père, Fils et Esprit Saint. Et la nuit pascale établit l'Église dans l'expérience que les baptisés ne cessent de devenir chrétiens en accueillant « *le dynamisme qui jaillit de la Pâque du Christ comme un germe de renouveau qui donne au croyant l'espérance d'un accomplissement définitif* [3] ».

---

1. La tradition de l'Église ne cesse de le redire : « *Au cœur de la catéchèse nous trouvons essentiellement une Personne, celle de Jésus de Nazareth, "Fils unique du Père, plein de grâce et de vérité", qui a souffert et qui est mort pour nous et qui maintenant, ressuscité, vit avec nous pour toujours* » (JEAN PAUL II, exhortation apostolique *Catechesi tradendae*, n° 5).

2. *Catéchisme de l'Église catholique*, n° 1085.

3. *Directoire général pour la catéchèse*, n° 16. Les réactions qui nous sont parvenues au terme de la démarche spirituelle proposée aux chrétiens de notre pays (COMMISSION ÉPISCOPALE DE LA CATÉCHÈSE ET

Introduire dans cette « *expérience chrétienne de la communauté* [1] », c'est-à-dire l'expérience commune à tout le peuple de Dieu reçue du Christ et de sa Pâque et vécue par chacun dans le même Esprit, est au cœur de la fonction d'initiation (*).

2.2. L'initiation conduit à l'accueil de la Révélation.

La Révélation que Dieu fait de lui-même est l'événement central de l'expérience (*) chrétienne. Le concile Vatican II a en effet rappelé que la Révélation est l'acte par lequel Dieu se communique aux hommes pour les convertir et les introduire dans une communion avec lui [2]. « *La foi chrétienne est le libre accueil de cette initiative divine* [3]. » C'est dans son Fils Jésus que Dieu se fait lui-même connaître tel qu'il est. « *Dieu, personne ne l'a jamais vu ; le Fils unique qui est dans le sein du Père, c'est lui qui a conduit à le connaître* » (Jn 1, 18). Cette « Parole » adressée à l'homme depuis la création du monde bouleverse celui qui se met à son écoute dans l'obéissance du cœur. Mais on ne comprend cette Parole qu'éclairé par l'Esprit Saint. L'expérience de la Révélation est trinitaire.

DU CATÉCHUMÉNAT, *Aller au cœur de la foi – Questions d'avenir pour la catéchèse*, Cerf/Bayard/Fleurus-Mame, 2003) attestent la profondeur avec laquelle nos communautés chrétiennes adhèrent à ce dynamisme pascal de la vie chrétienne.

1. *Directoire général pour la catéchèse*, n° 109.

2. « *Il a plu à Dieu, dans sa sagesse et sa bonté, de se révéler lui-même aux hommes [...] pour les inviter et les admettre à partager sa propre vie* » (CONCILE VATICAN II, constitution dogmatique *Dei Verbum*, n° 2).

3. LES ÉVÊQUES DE FRANCE, *Catéchisme pour adultes*, n° 29.

Dieu a l'initiative de se communiquer.

Méditer « *l'œuvre et la personne du Christ, mises en relation avec toute l'histoire biblique de création et d'alliance* [1] » introduit dans l'expérience chrétienne. C'est à travers cette histoire faite d'ombres et de lumières que Dieu créateur, qui est amour, se révèle comme il est : fidèle, bienveillant, qui ne reprend jamais sa promesse, qui sait pardonner, qui sait libérer. On pénètre surtout dans l'expérience de la Révélation en fréquentant les Évangiles, les lettres des apôtres jusqu'au livre de l'Apocalypse. Jésus lui-même, dans son être, dans ses actes et ses paroles, permet d'entrer dans toute l'épaisseur du mystère de l'Alliance, car « *Jésus Christ ne transmet pas seulement la Parole de Dieu : Il est la Parole de Dieu* [2] ».

Le Christ, dans sa Pâque, accomplit le don de Dieu.

« *La foi de l'Église a toujours vu et célébré dans l'événement pascal, avec sa double face de souffrance et de gloire, le sommet de la Révélation* [3]. » Par la mort et la résurrection de son Fils, Dieu introduit les hommes dans le mystère de son amour. Il dévoile le sens ultime de la création et son désir de tout récapituler dans le Christ. Il se fait surtout connaître en donnant une autre compréhension de la grandeur et de la puissance que celles véhiculées par les images que beaucoup attachent au nom de « Dieu » : il se manifeste aux hommes dans le don, total et sans restriction, qu'il fait de lui-même. Avec Jésus, Dieu adresse une parole définitive qui peut illuminer pour toujours le chemin de chacun des hommes : tous peuvent se découvrir aimés jusqu'à l'extrême, au plus intime de la vie.

1. LES ÉVÊQUES DE FRANCE, *Catéchisme pour adultes*, n° 29.
2. *Directoire général pour la catéchèse*, n° 98.
3. LES ÉVÊQUES DE FRANCE, *Catéchisme pour adultes*, n° 187.

L'Esprit Saint conduit à la vérité.

L'expérience chrétienne est une expérience spirituelle parce que l'on ne peut dire « Jésus est le Seigneur » et l'écouter sans être conduit par l'Esprit Saint (1 Co 12, 3). Dans le mouvement où il ressuscite Jésus, Dieu en effet donne aux hommes un « maître intérieur », pour qu'éclairé par lui le cœur de l'homme éprouve et comprenne l'événement de la Révélation. L'expérience chrétienne nécessite l'ouverture du cœur mais elle est la réalisation en chacun de l'acte même de Dieu qui se manifeste, et c'est par « *l'action silencieuse et discrète de l'Esprit Saint* » que chacun y est introduit. « *C'est Lui le premier catéchiste ; c'est Lui le "maître intérieur" de ceux qui grandissent vers le Seigneur* [1]. »

2.3. L'initiation introduit dans l'expérience chrétienne par tout un chemin.

Entrer dans l'expérience chrétienne fait parcourir tout un itinéraire. C'est lentement et progressivement que prend chair dans une existence le dynamisme que l'Église reçoit de Pâques. Sur ce chemin se produisent des avancées et des reculs, des arrêts et des recommencements, des traversées du désert et des pas en avant. « *La catéchèse se présente ainsi comme un processus, un itinéraire, une marche à la suite du Christ de l'Évangile, dans l'Esprit, vers le Père, entreprise pour atteindre la maturité de la foi "selon la mesure du don du Christ" (Ep 4, 7) et les possibilités et les besoins de chacun* [2]. » L'initiation est toujours un processus de maturation.

1. *Directoire général pour la catéchèse*, n° 288.
2. *Directoire général pour la catéchèse*, n° 143.

La vie de la communauté chrétienne fait partie de l'initiation.

Entrer dans l'expérience chrétienne nécessite un « bain de vie ecclésiale ». Lorsque la communauté chrétienne se rassemble dans la diversité de ses membres, évêque, prêtres, diacres, religieux, religieuses et laïcs, lorsqu'elle confesse et célèbre son Seigneur, lorsqu'elle ouvre à la beauté de Dieu, lorsqu'elle partage les Écritures, lorsqu'elle réfléchit sur le don de Dieu, lorsqu'elle développe en son sein des relations de fraternité, lorsqu'elle s'ouvre à la communion de l'Église universelle, lorsqu'elle sert la justice et qu'elle est solidaire des efforts de la cité en faveur des exclus, lorsque par la sainteté de ses membres elle témoigne de la charité du Christ, une communauté chrétienne fait pénétrer dans l'expérience chrétienne par d'innombrables facettes qui sont chacune l'expression de la présence de l'Esprit Saint en elle.

L'initiation honore le contenu de la foi et ouvre à son intelligence.

Pour introduire dans l'expérience chrétienne, la catéchèse a besoin de s'adresser à la personne globale, à la fois au cœur et à l'intelligence, à la volonté et à la mémoire. C'est la promesse d'une nouveauté qui aujourd'hui suscite le besoin d'apprendre et de savoir. Le désir de comprendre et d'approfondir vient à celui qui a déjà goûté à la vie de foi. L'initiation appelle l'intelligence de la foi, car « *celui qui a rencontré le Christ souhaite le connaître toujours plus, tout comme il souhaite connaître le dessein du Père qu'il a révélé* [1] ». Les moments et les modalités de ces nécessaires apports de connaissances doivent s'intégrer

1. *Directoire général pour la catéchèse*, n° 85.

dans le processus général de l'initiation. Chacun doit être conduit à pouvoir rendre compte de sa foi.

L'initiation ne s'oppose donc pas à la fonction d'enseignement. Elle a une dimension didactique. En introduisant dans l'expérience que porte l'Église, elle honore un contenu objectif de la foi. Elle veillera à en donner une présentation « *organique et hiérarchisée* [1] ». « *Sept éléments de base la configurent : les trois étapes du récit de l'histoire du Salut, – l'Ancien Testament, la vie de Jésus-Christ et l'histoire de l'Église, et les quatre piliers de l'exposé –, le Symbole, les Sacrements, le Décalogue et le* Notre Père. *Avec ces* sept pierres fondamentales, *[...] il est possible de construire des édifices de diverse architecture ou ordonnancement* [2]. »

2.4. L'initiation provoque au choix et à la décision.

L'itinéraire par lequel on entre dans l'expérience chrétienne conduit à découvrir la vérité de soi-même. Ce n'est pas seulement une marche vers la lumière, mais aussi, avec la grâce de Dieu, le passage par une expérience de mort, de dessaisissement, de renonciations. « *Si quelqu'un veut marcher derrière moi*, dit Jésus, *qu'il renonce à lui-même, qu'il prenne sa croix et qu'il me suive* » (Mt 16, 24). Aujourd'hui plus que jamais, la foi chrétienne est une question de choix et de décision personnelle. Dans un contexte missionnaire, la catéchèse a besoin de faire vivre un processus de transformation. Elle est « *un itinéraire spirituel qui entraîne "un changement progressif de la mentalité et des mœurs", fait de renon-*

1. *Directoire général pour la catéchèse*, n° 114.
2. *Directoire général pour la catéchèse,* n° 130.

cements et de luttes, mais aussi de joies que Dieu donne sans mesure [1] ».

Rencontrer la nouveauté de l'Évangile.

L'initiation confronte les personnes aux exigences évangéliques, mais aussi aux récits bibliques où Dieu se révèle autrement que ce que chacun pense à partir de lui-même. Cette rencontre renouvelle profondément le regard sur la vie ; elle rencontre des obstacles intérieurs qui blessent et entravent l'entrée dans l'expérience chrétienne : dans tout itinéraire se conjuguent à la fois « *l'action créatrice de Dieu qui communique à tout être sa bonté, la force engendrée du péché qui limite et engourdit l'homme et le dynamisme qui jaillit de la Pâque du Christ* [2] ». Une proposition catéchétique qui ne tiendrait pas compte de ces trois aspects ne serait pas authentiquement chrétienne.

Découvrir la foi de l'Église.

L'initiation comporte aussi nécessairement des moments de confrontation avec les énoncés de la foi tels que l'Église les transmet dans les Catéchismes, et en particulier dans le *Catéchisme de l'Église catholique* et son *Abrégé* [3]. Le langage de la foi n'est plus compris par

1. *Directoire général pour la catéchèse*, nº 56 citant le CONCILE VATICAN II, décret *Ad gentes*, nº 13.

2. *Directoire général pour la catéchèse*, nº 16.

3. « *Il contient, de façon concise, tous les éléments essentiels et fondamentaux de la foi de l'Église, de manière à constituer, comme le souhaitait mon Prédécesseur, une sorte de* vade-mecum *qui permette aux personnes, croyantes ou non, d'embrasser d'un regard d'ensemble la totalité du panorama de la foi catholique* » (BENOÎT XVI, Lettre apostolique en forme de *motu proprio* pour l'approbation et la publication du *Compendium du Catéchisme de l'Église catholique*).

beaucoup de nos contemporains. Certains même ne trouvent plus crédible ce que l'Église dit de sa foi. Il nous faut en prendre acte et creuser dans les cœurs un sillon dans lequel pourra germer la compréhension de la totalité de ce que croit l'Église, en veillant continuellement à honorer les quatre modalités par lesquelles s'exprime la vie chrétienne : la foi professée, célébrée, vécue et priée. Elles constituent le trésor de l'Église qu'aucune définition ne peut épuiser.

Entrer dans la liturgie de l'Église.

L'initiation demande enfin de mettre en contact les personnes avec la liturgie de l'Église telle que les Rituels en régulent la célébration et en établissent le cadre. Parce que « *l'Église croit comme elle prie* », la liturgie est le lieu où l'Église expérimente pour elle-même dans toute sa richesse la foi dans laquelle elle est établie. La liturgie est surtout un lieu vivant de l'initiation : dans le langage de la beauté, les attitudes, les déplacements, les gestes et paroles qu'elle fait vivre, elle aide à découvrir comment chaque acte et parole du Christ ont été posés pour « *notre salut* ». C'est par ce chemin d'expérience que la liturgie insère dans le mystère pascal. Et « *le lieu principal où s'inscrit en ce monde le mystère pascal, c'est le sacrement de l'Eucharistie*[1] ».

> « *C'est vers le Christ ressuscité que l'Église a les yeux fixés.*
>
> *Elle le fait en suivant les traces de Pierre, qui versa des larmes après son reniement et reprit son chemin en*

---

1. *Lettre aux catholiques de France*, p. 62.

> *manifestant son amour au Christ avec une appréhension compréhensible : "Tu sais bien que je t'aime" (Jn 21, 15-17). Elle marche en compagnie de Paul qui fit la rencontre foudroyante du Christ sur le chemin de Damas : "Pour moi, vivre c'est le Christ et mourir est un avantage*" (Ph 1, 21) [1]. »

1. JEAN PAUL II, lettre apostolique *Novo millennio ineunte*, n° 28.

CHAPITRE 3

LES POINTS D'APPUI D'UNE PÉDAGOGIE D'INITIATION EN CATÉCHÈSE

> « *Pour être en mesure d'exprimer sa vitalité et son efficacité, la catéchèse aujourd'hui [...] à l'exemple de la catéchèse patristique, doit modeler la personnalité du croyant et être par conséquent une école vraie et propre de pédagogie* [1]. »

Le choix de la pédagogie d'initiation peut s'exprimer et prendre corps dans diverses modalités catéchétiques : un dispositif par âges et étapes de la vie, assurant à chaque seuil de croissance une proposition de catéchèse ordonnée et systématique ; une organisation de la catéchèse par lieux de vie et de regroupement, privilégiant des initiatives de première annonce dans la famille, les établissements catholiques d'enseignement, les aumôneries d'enseignement public, les mouvements de jeunes et d'adultes ; des temps de catéchèse communautaire intégrés au rassemblement dominical et enracinés dans la nature même de l'année liturgique ; des itinéraires élar-

1. *Directoire général pour la catéchèse*, n° 33.

gissant à l'ensemble des sacrements l'intuition qui commande déjà le processus mis en œuvre par le catéchuménat des adultes.

Chacune de ces modalités catéchétiques est nécessairement organisée selon des principes directeurs propres, mais chacune à sa manière doit s'appuyer sur les sept éléments qui fondent la pédagogie d'initiation. Elles sont chacune une réalisation particulière de ce choix fondamental.

3.1. La pédagogie d'initiation requiert la liberté des personnes.

On entre dans un chemin catéchétique en décidant soi-même d'entreprendre la démarche ou en acceptant l'invitation à y entrer. Quand il s'agit de jeunes enfants, il est évident que cette liberté est d'abord celle qu'exercent les parents. Mais cette liberté doit rapidement devenir celle des enfants eux-mêmes. « *Dans la catéchèse, le destinataire doit pouvoir se manifester comme un sujet actif, conscient et coresponsable, et non comme un récepteur silencieux et passif*[1]. » Cela est évidemment vrai pour toute personne qui commence. Cela reste vrai même pour celui qui a déjà été éduqué chrétiennement car « *l'expérience chrétienne que nous proposons est celle de la foi qui s'adresse à des libertés personnelles*[2] ». À la triple demande de profession de foi du baptême et de la vigile pascale, la réponse « je crois » n'a de sens que si elle est éclairée et libre. Cette liberté est une première condition pour mettre en œuvre la pédagogie d'initiation en catéchèse.

---

1. *Directoire général pour la catéchèse*, n° 167.
2. *Lettre aux catholiques de France*, p. 32.

Recevoir les demandes dans la foi.

Nous ne vivons plus dans un environnement où l'on « naît chrétien ». Aujourd'hui frappent à la porte de l'Église des personnes de tous âges, ayant souvent vécu des parcours fort différents. Il faut alors permettre à ces personnes de formuler leurs questions existentielles, savoir écouter leurs demandes, accueillir leurs découvertes, en cherchant l'attente, le désir de Dieu qui a déjà été éveillé en elles par l'Esprit Saint, avant même que commence le travail catéchétique. « *L'Église désire avec force faire partager sa foi, permettre à ceux auxquels elle s'adresse de rencontrer le Christ, d'accueillir son Évangile et de vivre de sa vie. C'est pour cela qu'elle vit, qu'elle prie, qu'elle témoigne et qu'elle agit. Mais elle sait bien que l'adhésion à la foi chrétienne dépend de l'action intérieure de l'Esprit et qu'elle n'est vraie que si elle est libre* [1]. »

On veillera ensuite à articuler accueil inconditionné des personnes et proposition exigeante. Il s'agit en effet de mettre sur le chemin de la rencontre avec le Christ selon la foi de l'Église. Beaucoup, aujourd'hui, sont prêts à prendre cette route sans avoir perçu toutes les implications de leur choix. C'est « chemin faisant » qu'ils se confrontent aux exigences et aux décisions que ce choix appelle.

Prévoir des portes d'entrée diversifiées.

Nous ne pouvons pas présupposer que toutes les personnes qui demandent à être catéchisées baignent déjà dans la culture chrétienne ou sont en connivence avec le chemin auquel elles sont invitées. Aussi toute proposition catéchétique devra comporter une porte d'entrée, une sorte de seuil. Il est nécessaire pour cela de faire des offres diversifiées adaptées aux personnes, en respectant leur liberté.

1. LES ÉVÊQUES DE FRANCE, *Catéchisme pour adultes*, n° 332.

« *Toutes sortes de démarches qu'une population majoritairement catholique nous demandait, en se coulant dans des automatismes communément admis, doivent être désormais proposées comme l'objet d'un choix*[1]. »

Porter un regard fraternel sur les personnes.

Faire une proposition catéchétique, exigeante mais respectueuse de tous, demande à chaque catéchiste de se considérer lui-même comme un disciple s'en remettant au Christ dans sa mission propre. Dans l'Église, l'aîné dans la foi est frère en humanité de celui qui cherche ; faire une proposition catéchétique demande de se considérer soi-même comme un disciple en chemin à la suite du Christ.

3.2. La pédagogie d'initiation requiert un cheminement.

Parce qu'on entre dans l'expérience chrétienne en parcourant tout un itinéraire, la pédagogie d'initiation doit organiser des démarches qui font faire du chemin et donnent le goût d'aller toujours plus loin. La catéchèse réalise ce but quand elle appelle à risquer un pas nouveau, quand elle fournit des matériaux auxquels les personnes se confrontent, quand elle s'inscrit dans la durée pour qu'un cheminement ait le temps de s'accomplir.

Conduire la démarche.

Proposer une démarche à quelqu'un demande de la rigueur de la part de celui qui en est responsable. Il doit savoir, au départ, quelles sont les étapes qu'il invitera à enchaîner. Plus une proposition de démarche est rigoureuse, organisée et

1. *Lettre aux catholiques de France*, p. 38.

explicitée, plus la liberté des personnes est respectée. Celui qui conduit la démarche devra donc soigneusement préparer les phases successives de travail et organiser les différentes actions qui les composent : ainsi il réunira les conditions qui rendent possible le parcours d'un chemin.

Accompagner une aventure intérieure.

Parmi les conditions qui rendent un cheminement possible, il faut souligner l'importance de l'accompagnement. En ce domaine, la pratique du catéchuménat des adultes a beaucoup à apprendre à tous les catéchistes : le catéchiste est au service d'une démarche qu'il doit guider mais qui ne lui appartient pas. Sur le chemin, celui qui avance doit pouvoir partager ses joies, ses questions, ses doutes et même ses crises sans se sentir prisonnier de celui qui l'accompagne car « *le rôle propre de la catéchèse est de montrer qui est Jésus-Christ, sa vie et son mystère, et de présenter la foi chrétienne comme marche à la suite de sa Personne* [1] » et cette marche se fait sous l'action de l'Esprit. « *Le Christ invite à marcher à sa suite. Croire n'est pas seulement adhérer intellectuellement à ce qu'il dit. C'est s'engager avec lui* [2]. »

3.3. La pédagogie d'initiation prend sa source dans l'Écriture.

Pour que les personnes soient introduites dans l'expérience de la Révélation, la catéchèse « *transmet les faits et les paroles de la Révélation : elle doit les proclamer et les raconter* [3] ». Une pédagogie d'initiation passe donc par la médiation des textes bibliques pour faire éprouver la pré-

1. *Directoire général pour la catéchèse*, n° 41.
2. LES ÉVÊQUES DE FRANCE, *Catéchisme pour adultes*, n° 486.
3. *Directoire général pour la catéchèse*, n° 39.

sence fidèle et bienveillante avec laquelle Dieu ne cesse de se manifester aux hommes : dans l'histoire du peuple hébreu et dans les récits évangéliques de la vie de Jésus, confessé comme Christ et Seigneur par les premières communautés chrétiennes et reconnu comme la Parole de Dieu habitant parmi les hommes. C'est en fréquentant ainsi les Écritures qu'une pédagogie d'initiation ouvre à la connaissance du mystère de la foi.

Laisser la Parole de Dieu faire son travail.

La Parole de Dieu retentit dans les Écritures. Mais c'est une Personne qui s'adresse aux hommes avant d'être un texte à étudier. C'est le lieu d'une interaction. Il faut conduire au texte biblique en favorisant tout ce qui peut rendre possible le travail de l'Esprit Saint au cœur de chacun : une démarche soigneusement organisée, des apports de l'exégèse qui font entrer dans l'intelligence des Écritures et relancent la marche, mais surtout de la vigilance et de l'écoute à l'égard de ce qui se passe dans les personnes lorsqu'elles rencontrent la Parole de Dieu, car « *c'est l'Esprit Saint qui donne aux lecteurs et aux auditeurs, selon les dispositions de leur cœur, l'intelligence spirituelle de la Parole de Dieu* [1] ».

Rendre possible le dialogue avec Dieu.

Que Dieu, le premier, veuille vivre une amitié avec l'homme et lui parler est une conviction qui doit guider toute mise en œuvre de la pédagogie d'initiation. Le Concile le rappelle, Dieu parle aux hommes « *comme à des amis* » ; il leur parle pour établir une relation conviviale avec eux ; il les cherche, vient à eux, suscite leur libre parole de foi [2]. Il

1. *Catéchisme de l'Église catholique*, n° 1101.
2. « *Dieu qui est invisible s'adresse aux hommes comme à des amis et converse avec eux* » (CONCILE VATICAN II, constitution *Dei Verbum*, n° 2).

est toujours nécessaire d'apprendre à respecter le texte biblique, son contexte, les intentions de son rédacteur, l'histoire de son interprétation et de sa compréhension dans la Tradition de l'Église. Mais, en pédagogie d'initiation, la médiation d'un texte biblique nourrit l'expérience du dialogue que Dieu ne cesse de vouloir nouer avec les hommes dans l'Esprit Saint.

Conduire à la prière chrétienne.

Ce dialogue avec Dieu est le fondement de la prière chrétienne car celle-ci est « *une relation d'alliance entre Dieu et l'homme dans le Christ* [1] ». C'est ce dialogue que vit l'Église quand elle célèbre la liturgie : avant de laisser s'exprimer les attentes et les besoins des hommes, elle se joint à la prière de louange du Fils dans l'Esprit. Ce dialogue est aussi le fondement de la prière où chacun peut, dans l'intimité de son cœur, appeler Dieu « notre Père ». Ce dialogue, s'il est authentique, ne peut pas être sans aspérités : le catéchète doit pouvoir entendre les refus, les questions, les difficultés et, par ailleurs, mettre des mots sur ce qui est découvert ; mais il doit surtout favoriser l'intériorité et le silence sans lesquels ce dialogue ne peut voir le jour.

3.4. La pédagogie d'initiation requiert la médiation d'une tradition vivante.

Pour introduire dans l'expérience de la Révélation, la pédagogie d'initiation a besoin du trésor des Écritures et du trésor que le langage de l'Église appelle « la Tradition ». L'appel de Dieu à entrer en relation avec lui parvient aux hommes de notre temps grâce à l'écho que, d'âge en âge,

1. *Catéchisme de l'Église catholique*, n° 2564.

des communautés chrétiennes vivantes ont voulu lui donner. Aujourd'hui où beaucoup sont à la recherche d'une authenticité personnelle et veulent construire eux-mêmes leur choix, il importe de veiller à conduire à la Parole de Dieu telle qu'elle « *resplendit dans la vie de l'Église, dans son histoire deux fois millénaire, et surtout dans le témoignage des chrétiens, des saints particulièrement*[1] ».

Stimuler et encourager la vie de foi par les exemples.

Une vie de foi a besoin d'exemples. Elle a besoin de l'exemple de saints et de martyrs qui, par toute leur vie, ont chanté « *Jésus Christ sur les routes du monde* ». Leur confiance au Christ dans une existence où se sont souvent mêlés la joie, la peur et le courage, la détermination et la nuit, les tâtonnements et la générosité, est une véritable « pédagogie » de la sainteté. Par eux « *le Seigneur, tout au long de l'histoire, a ouvert devant nous l'Évangile et en a fait défiler les pages. [...] Ils sont le sillon lumineux de Dieu, que lui-même, au long de l'histoire, a tracé et trace encore*[2] ».

Une vie de foi a aussi besoin de se nourrir de la connaissance de ceux qui témoignent aujourd'hui du Christ. Rencontrer des frères ou des aînés dans la foi, avec leur grandeur et leurs limites, facilite une véritable entrée dans l'expérience chrétienne. « *Telle qu'elle est, nous aimons [l'Église], parce qu'elle est l'Église du Christ et l'Église des saints. Nous sommes attachés à son histoire parce qu'elle est l'histoire de la sainteté, souvent cachée dans l'humilité de la vie quotidienne : la foi sait découvrir le Dieu qui venait toujours neuf dans le cœur des saints*[3]. »

1. *Directoire général pour la catéchèse*, nº 95.
2. Benoît XVI, JMJ de Cologne, veillée avec les jeunes (20 août 2005).
3. Les évêques de France, *Il est grand le mystère de la foi*, p. 66-67.

Transmettre.

Le catéchète se situe dans la foi de l'Église. Certes, il doit lui-même oser être un témoin de la foi. Mais il ne peut pas en rester à une présentation personnelle de la foi chrétienne. Il a une responsabilité d'aîné et il doit transmettre ce qu'il a lui-même reçu de l'Église en fidélité au Magistère. « *La catéchèse n'est autre que le processus de transmission de l'Évangile, tel que la communauté chrétienne l'a reçu, le comprend, le célèbre, le vit et le communique de diverses manières*[1]. » Une pédagogie d'initiation introduit les personnes dans l'expérience d'une foi qui les précède toujours. Le catéchète « *sait qu'il trouvera dans le* Catéchisme de l'Église catholique *un texte de référence sûr et authentique pour l'enseignement de la doctrine catholique*[2] ».

Le catéchète est frère du catéchisé. Il n'est pourtant pas « à égalité » avec lui : le devoir de transmettre appelle à exercer une forme d'autorité, celle qui permet à l'autre de devenir « auteur » de sa vie. Dans une pédagogie d'initiation, l'autorité du catéchète vient de ce qu'il n'est pas lui-même la source, mais le garant de la fidélité à une longue histoire de la foi vécue dans l'Église à travers les âges.

3.5. La pédagogie d'initiation requiert des cheminements de type catéchuménal.

L'expérience chrétienne repose sur la découverte bouleversante d'être attendu, désiré, appelé, aimé gratuitement. C'est Dieu, le premier, qui vient nous chercher. « *Voici à quoi se reconnaît l'amour : ce n'est pas nous qui avons*

1. *Directoire général pour la catéchèse*, n° 105.
2. BENOÎT XVI, *motu proprio* présentant l'*Abrégé du Catéchisme de l'Église catholique* (28 juin 2005).

aimé Dieu, c'est lui qui nous a aimés, et il a envoyé son Fils qui est la victime offerte pour nos péchés » (1 Jn 4, 10). Dans un environnement où prédomine la logique du contrat et du donnant-donnant, introduire dans cette expérience de gratuité est une tâche particulièrement importante pour la pédagogie d'initiation.

Partir du don qui place les sacrements dans la vie de foi.

L'Église accueille le don gratuit de Dieu dans les sacrements. Or aujourd'hui beaucoup d'adultes ne voient plus quelle place donner aux sacrements. Il est urgent d'élaborer des cheminements qui font vivre aux personnes la dynamique spirituelle dont la célébration sacramentelle sera l'expression et l'accomplissement. Selon une règle bien établie par le *Rituel de l'initiation chrétienne des adultes*, une pédagogie d'initiation prévoira des cheminements qui s'appuient et font déjà vivre de la grâce des sacrements qu'ils préparent. L'essentiel de la préparation portera sur le don auquel chaque parole, attitude, geste ou action symbolique veut conduire. C'est à ce prix que la célébration elle-même deviendra une expérience structurante pour les personnes.

Intérioriser le don qui est fait dans les sacrements.

Le mystère du don de Dieu est si grand qu'une vie ne suffirait pas pour le comprendre. C'est pourquoi l'Église considère qu'une proposition catéchétique en réponse à une demande sacramentelle comprend aussi un temps de catéchèse après la célébration sacramentelle. Les chrétiens des premiers siècles l'ont appelé « mystagogie » : il s'agit de prendre appui sur ce qui a été vécu dans le sacrement pour rentrer davantage dans la perception de l'amour gratuit que Dieu y a manifesté. Ce temps de catéchèse après la célébration sacramentelle permet aussi de s'inscrire pleinement dans la communauté des fidèles. Il y a là une voie catéchétique d'une grande fécondité que nous ne saurions trop recommander.

Les composantes d'une démarche.

La démarche catéchuménale comporte plusieurs composantes : une catéchèse biblique qui éveille à la connaissance de Dieu ; l'appel à la conversion personnelle suscitée par la Parole de Dieu ; la rencontre d'une communauté vivante, par l'échange, le partage en groupe, la relation concrète à des témoins qui incarnent des manières de vivre en chrétien ; une introduction à la prière et à la vie sacramentelle qui ouvre au mystère de Dieu et à l'amitié du Christ. La démarche catéchuménale conduit enfin le fidèle à être capable de rendre compte de ce qu'il a reçu : ce qui lui a été transmis, ce que cela a suscité en lui et ce qu'il porte en mémoire, il doit pouvoir l'exprimer et en témoigner.

3.6. La pédagogie d'initiation requiert une dynamique du choix.

Quand l'identité chrétienne se construit à partir du mystère pascal, la vie chrétienne devient réponse de gratitude, action de grâce pour le don total et sans condition reçu de la Pâque du Christ. La pédagogie d'initiation trouve là son point d'appui dans l'ordre éthique. Elle introduit dans une vie de partage en réponse au don de Dieu, même si cette réponse n'est jamais à la hauteur du don reçu. Mais la mort et la résurrection du Christ font aussi vivre le chrétien dans la promesse que le don de Dieu déjà reçu s'épanouira pour lui en vie éternelle. C'est pourquoi il n'y a pas de pédagogie d'initiation qui n'introduise aussi dans la tension entre un don déjà pleinement offert et le désir d'un bonheur que Dieu promet.

Ouvrir à la confiance.

Une pédagogie d'initiation éduque à un agir chrétien qui trouve ses racines dans la grâce de Dieu. Par sa mort et sa résurrection, « *le Christ est notre paix* » (Ep 2, 14). Tout homme fait le mal qu'il ne voudrait pas faire et ne fait pas le bien qu'il pourrait faire (Rm 7, 19), mais cette blessure de l'humanité est comme assumée par « *Dieu qui, dans le Christ, réconciliait le monde avec lui* ; *il effaçait pour tous les hommes le compte de leurs péchés* » (2 Co 5, 19). Chacun apprend à vivre en homme à partir du « *don que Dieu fait à chaque homme et à chaque femme en les aimant personnellement et en leur donnant, par son amour, d'aimer à leur tour* [1] ». C'est en introduisant dans l'expérience d'un tel don que la pédagogie d'initiation aide les personnes à s'aventurer dans l'existence avec la confiance et la force d'agir avec justesse.

Faire entendre l'appel à aimer.

Quand la pédagogie d'initiation conduit à la Parole de Dieu, elle fait rencontrer la figure du Père qui appelle à vivre selon la Loi d'amour. Que ce soit au Sinaï, dans le don du Décalogue ou avec Jésus sur le mont des Béatitudes, Dieu se manifeste aux hommes en leur apprenant à aimer et en leur donnant la promesse d'y parvenir. En même temps qu'elle introduit les personnes à une vie de partage fraternel, qu'elle les aide à s'interroger sur leurs choix et décisions, sur la valeur des moyens qu'ils engagent et les conséquences qu'ils peuvent avoir, la pédagogie d'initiation doit enraciner la vie chrétienne dans la promesse qui donne à une vie chrétienne sa force et son dynamisme. « *Les commandements balisent les chemins de la croissance de l'homme dans l'amour. Plus encore qu'ils*

1. LES ÉVÊQUES DE FRANCE, *Catéchisme pour adultes*, n° 488.

ne mettent en relief les transgressions, ils promettent l'aide de Dieu pour l'accomplissement de l'homme[1]. »

3.7. La pédagogie d'initiation requiert une ouverture à la diversité culturelle.

L'autonomie des personnes, la multiplicité des références y compris religieuses, le court terme des perspectives individuelles et collectives, voilà autant d'évolutions qui marquent les champs culturels aujourd'hui. « *Un monde s'efface et un autre est en train d'émerger, sans qu'existe aucun modèle préétabli pour sa construction. Des équilibres anciens sont en train de disparaître et les équilibres nouveaux ont du mal à se constituer*[2]. » Quand elle cherche à introduire dans la vision unifiée de la vie qu'offre l'Évangile du Christ, une pédagogie d'initiation se déploie nécessairement dans ces champs culturels éclatés, mais non sans ressources. Devant une telle diversité, elle doit permettre d'affronter les multiples questions morales et philosophiques en valorisant les ressources de la raison.

Permettre à chacun de trouver son identité.

L'éclatement et la diversité du monde contemporain rendent parfois difficile aux personnes de construire leur identité et de trouver le sens de leur vie. L'Église veut se mettre au service des hommes de ce temps en favorisant tout ce qui peut leur permettre de grandir en humanité, car elle est persuadée que « *la gloire de Dieu, c'est l'homme vivant* » (saint Irénée). La pédagogie d'initiation vise à l'éclosion d'un homme qui accepte de vivre pleinement et de naître à lui-même, à son identité singulière et incom-

1. LES ÉVÊQUES DE FRANCE, *Catéchisme pour adultes*, n° 533.
2. *Lettre aux catholiques de France*, p. 22.

parable. Cette nouvelle naissance à la suite du Christ se manifeste socialement par une ouverture à l'amitié, une capacité au dialogue.

Créer un espace de parole.

Depuis longtemps, la catéchèse cherche des moyens pédagogiques qui favorisent l'expression personnelle et le dialogue. Aujourd'hui encore, elle doit faire siens ces efforts : en permettant aux personnes de prendre la parole, en choisissant des voies qui aident à s'exprimer, en aidant à trouver les mots pour dire l'essentiel, en laissant advenir les questions, en favorisant même le questionnement personnel. C'est dans cette perspective que doit être encouragée une « *plus grande valorisation des médias selon leur qualité spécifique de communication, en équilibrant bien le langage de l'image et celui de la parole* [1] », le langage de l'écrit et celui des nouvelles médiations culturelles que sont l'audiovisuel, le multimédia et Internet. Lorsqu'elle organise un tel espace interpersonnel en catéchèse, la pédagogie d'initiation participe éminemment au lien social.

Éveiller à la dimension artistique.

Pour une pédagogie d'initiation, la beauté est un chemin et l'art est une médiation particulièrement riche et prometteuse. Le langage artistique permet à l'Église de « *rendre perceptible, et même, autant que possible, fascinant, le monde de l'esprit, de l'invisible, de Dieu* [2] ». Par la diversité culturelle de ses formes, ce langage dit la chair que chaque époque a donnée à l'Évangile. Par la variété des expressions de foi qu'il transmet, il donne consistance au chemin par lequel l'Évangile est venu jusqu'à nous. En

1. *Directoire général pour la catéchèse*, n° 209.
2. *Lettre du pape Jean Paul II aux artistes*, n° 12.

pédagogie d'initiation, l'art n'est donc pas seulement un patrimoine du passé. Il est aussi un carrefour culturel de la tradition vivante qui nous relie aujourd'hui à l'Évangile.

Plus l'Église fait le choix d'une pédagogie d'initiation en catéchèse, plus elle découvre pour elle-même la nécessité de « *percevoir et accueillir plus résolument la nouveauté de l'Évangile*[1] ». Le choix d'une pédagogie d'initiation n'est pas seulement une question d'opportunité. Il exprime la manière dont l'Église comprend l'exercice de sa responsabilité catéchétique dans la société actuelle. Une pédagogie d'initiation attache la catéchèse au choix que fait l'Église de « *pratiquer plus résolument et plus solidairement une pastorale de la proposition de la foi* ». Mais l'Église s'y découvre aussi renvoyée à « *son enracinement dans le mystère qui la constitue et qui l'oblige sans cesse à se décentrer d'elle même* ; *car elle est signe du Christ, qui la précède, qui la fait vivre et qui l'attend*[2] ».

> *« Béni soit Dieu, le Père de notre Seigneur Jésus Christ. Dans les cieux, il nous a comblés de sa bénédiction spirituelle en Jésus Christ.*
>
> *En lui, il nous a choisis avant la création du monde, pour que nous soyons, dans l'amour, saints et irréprochables sous son regard.*
>
> *Il nous a d'avance destinés à devenir pour lui des fils par Jésus Christ : voilà ce qu'il a voulu dans sa bienveillance,*

---

1. *Lettre aux catholiques de France*, p. 35.
2. *Lettre aux catholiques de France*, p. 85.

à la louange de sa gloire, de cette grâce dont il nous a comblés en son Fils bien-aimé, qui nous obtient par son sang la rédemption, le pardon de nos fautes. Elle est inépuisable, la grâce par laquelle Dieu nous a remplis de sagesse et d'intelligence » (Ep 1, 3-8).

LEXIQUE

Quelques mots demandent à être explicités. Nous précisons ici le sens que nous leur donnons dans le cadre de ce Texte national.

Affiliation.

Comme le mot « filiation », le mot « affiliation » provient du mot latin « *filius* » qui signifie « fils de ». Si le mot « filiation » indique un lien de parenté naturel, le mot « affiliation » désigne un processus d'adoption en cours. On est affilié quand on est admis dans une communauté de filiation, mais aussi quand on s'y inscrit et qu'on y adhère. L'affiliation permet à l'individu la constitution d'une identité sociale.

Catéchèse.

Le mot « catéchèse » a connu toutes sortes d'évolutions au fil des siècles, en fonction de la situation de l'Église dans la société, des changements culturels ou de l'histoire même de l'Église. En vertu des normes universelles dont il est l'application pour la France et parce que le renouvellement de la catéchèse est en notre pays inséparable d'un renouvellement des communautés chrétiennes, le présent *Texte national* insiste particulièrement sur la dimension ecclésiale de l'acte catéchétique.

Le *Directoire général* lui-même fait de l'Église le sujet de la catéchèse : « *La catéchèse est un acte essentiellement ecclésial. Le vrai sujet de la catéchèse est l'Église qui, continuant la mission du Maître, Jésus, et, sous l'action de l'Esprit, a été appelée à être éducatrice de la foi* [1]. » Sans négliger la responsabilité de la catéchèse à l'égard du mystère de la foi, ce *Texte national* choisit de préciser toutes les implications d'une articulation de la catéchèse à la vie d'une communauté chrétienne. « *La catéchèse a toujours été et restera une œuvre dont l'Église tout entière doit se sentir et se vouloir responsable* », affirmait le pape Jean Paul II en 1979, à l'issue du synode des évêques consacré à la catéchèse [2].

Évangélisation.

Lorsque ce *Texte national* emploie le verbe « évangéliser » ou l'adjectif « évangélisateur », il le fait selon la définition qu'en donne en 1975 le pape Paul VI : « *Évangéliser, pour l'Église, c'est porter la Bonne Nouvelle dans tous les milieux de l'humanité et, par son impact, transformer du dedans, rendre neuve l'humanité elle-même : "Voici que je fais l'univers nouveau" (Ap 21, 5). Mais il n'y a pas d'humanité nouvelle s'il n'y a pas d'abord d'hommes nouveaux, de la nouveauté du baptême et de la vie selon l'Évangile. Le but de l'évangélisation est donc bien ce changement intérieur et, s'il fallait le traduire d'un mot, le plus juste serait de dire que l'Église évangélise lorsque, par la seule puissance du Message qu'elle proclame, elle cherche à convertir en même temps la conscience personnelle et collective des hommes, l'activité dans laquelle ils s'engagent, la vie et le milieu concret qui sont les leurs* [3]. »

La catéchèse est une facette importante de l'évangélisation, mais elle ne la résume ni ne l'épuise. L'évangélisation est une démarche complexe comprenant des éléments

---

1. *Directoire général pour la catéchèse*, nº 78.
2. Jean Paul II, exhortation apostolique *Catechesi tradendae*, nº 16.
3. Paul VI, exhortation apostolique *Evangelii nuntiandi*, nº 18.

variés et contrastés mais en même temps complémentaires : « *témoignage et annonce, parole et sacrement, changement intérieur et transformation sociale* [1] ». La catéchèse doit trouver à s'intégrer dans ce « *processus par lequel l'Église, animée par l'Esprit, annonce et diffuse l'Évangile dans le monde entier* [2] ».

Expérience.

Quand ce *Texte national* parle d'expérience, il évoque à la fois l'irruption en quelqu'un d'un événement extérieur et ce que vit intérieurement la personne qui s'en laisse toucher, bouleverser, retourner, transformer. C'est bien ainsi qu'il en va dans la vie chrétienne. Nous sommes constitués croyants par le don que Dieu fait de lui-même en son Fils Jésus, mais chacun entre dans ce don de manière personnelle lorsqu'il accepte de le laisser retentir dans les questions, dynamismes et fragilités de son existence singulière.

En parlant d'expérience chrétienne ou d'expérience de la communauté, ce *Texte national* fait le choix d'insister plus précisément sur la nature ecclésiale de cet accueil. Chacun entre personnellement dans le don que Dieu fait aux hommes en se communiquant à eux, mais chacun a besoin qu'on l'aide à y entrer au sein de toute l'Église qui vit de cette expérience grâce à l'Esprit Saint.

De la même manière qu'au plan philosophique, le mot « expérience » désigne un objet qui est inséparable de ceux qui le vivent, ce *Texte national* désigne donc par « expérience chrétienne » la foi en ce qu'elle est indissociable de l'Église qui en vit, la foi en ce qu'elle apparaît dans la vie même de l'Église qui la porte. Pour introduire dans cette expérience que porte l'Église, la catéchèse dispose de trois

1. *Directoire général pour la catéchèse*, n° 47.
2. PAUL VI, exhortation apostolique *Evangelii nuntiandi*, n° 24.

ressources où celle-ci est manifestée ou racontée : les Écritures, la liturgie et le corps concret de l'Église dans sa diversité historique, géographique et culturelle.

Ce *Texte national* se différencie donc de l'usage courant qui parle d'expérience en des termes presque exclusivement subjectifs. Quand on dit par exemple de quelqu'un qu'il a acquis de l'expérience dans son métier, dans la pratique de son art ou dans l'exercice d'un sport, on évoque en effet une connaissance que cette personne s'est empiriquement construite par la pratique et l'observation. Or « *personne ne peut atteindre la vérité intégrale par une simple expérience privée, c'est-à-dire sans une explication adéquate du message du Christ, qui est "Chemin, Vérité et Vie" (Jn 14, 6)* », déclare le pape Jean Paul II [1], rappelant que la foi chrétienne ne saurait être le produit de ce que chacun pense par lui-même.

Fondamentaux.

En musique, on parle de note fondamentale pour désigner la base harmonique sur laquelle viendront ensuite se construire des accords, une tonalité, une ligne mélodique. Lorsque ce *Texte national* emploie le terme « fondamentaux », il ne parle pas des fondamentaux de la foi (les contenus essentiels de la foi) mais du socle méthodologique à partir duquel pourront s'élaborer des mises en œuvre pratiques de la catéchèse.

Initiation.

Lorsque ce *Texte national* parle d'initiation, il le fait selon l'habitude chrétienne d'utiliser le verbe « initier » au passif. En régime chrétien en effet, on est initié par Dieu lui-même qui nous donne part à sa vie. C'est bien ce qui

1. JEAN PAUL II, exhortation apostolique *Catechesi tradendae*, n° 22.

se passe dans le catéchuménat des adultes : des adultes frappent à la porte de l'Église et demandent à se laisser initier par Dieu.

Dès lors, une pédagogie qui relève de l'initiation est une démarche qui cherche à réunir les conditions favorables pour aider les personnes à se laisser initier par Dieu qui se communique à eux. Il s'agit de « *faciliter la croissance d'une expérience de foi dont [le catéchiste] n'est pas le dépositaire. C'est Dieu qui l'a déposée au cœur de l'homme et de la femme. La tâche du catéchiste se borne à cultiver ce don, à l'offrir, à l'alimenter et à l'aider à croître* [1] ». Une « pédagogie d'initiation » regarde donc toujours la personne avec le souhait actif de rendre possible chez elle une ouverture spirituelle. Son fruit est la réalisation en chaque personne de l'acte même de Dieu qui attire à lui.

Dans ce *Texte national* le sujet actif du verbe « initier » est Dieu lui-même. Il n'en va pas de même dans l'emploi usuel. Lorsque des responsables publics disent par exemple qu'ils ont initié un projet, une action ou une rencontre, ils mettent en avant une action dont ils réclament pour eux-mêmes la paternité. Il en va de même dans l'expression « initier à quelque chose ». Celui qui formule un tel projet se déclare préoccupé de faire apprendre à quelqu'un les rudiments de la maîtrise d'un art, d'une science, ou d'une compétence artisanale. Il se déclare alors lui-même initiateur.

1. *Directoire général pour la catéchèse*, n° 224.

PROPOSITIONS
POUR L'ORGANISATION
DE L'ACTION CATÉCHÉTIQUE

INTRODUCTION

> *« L'organisation de la pastorale catéchétique a comme point de référence l'évêque et le diocèse [1]. »*

Le *Texte national pour l'orientation de la catéchèse en France* présente des fondamentaux de l'acte catéchétique.

Ce document, intitulé *Propositions pour l'organisation de l'action catéchétique*, rassemble des matériaux pour l'élaboration d'orientations diocésaines. Il présente un cadre d'ensemble à partir duquel les mises en œuvre pourront se faire selon les capacités locales, sous la responsabilité de l'évêque diocésain [2].

Quatre points de vue diversifiés.

Parce que les attentes sont différentes selon les personnes, parce que les situations sont aujourd'hui contrastées selon les diocèses et à l'intérieur des diocèses, parce que les moyens disponibles et les histoires locales appellent

1. *Directoire général pour la catéchèse*, n° 265.
2. Le *Directoire général pour la catéchèse* invite chaque évêque à « *établir dans le diocèse un projet global de catéchèse, articulé et cohérent, qui réponde aux vrais besoins des fidèles et soit convenablement situé dans les plans pastoraux diocésains* » (n° 222).

des rythmes différenciés dans le renouvellement de la pratique catéchétique, il est nécessaire aujourd'hui de dépasser une modalité unique de l'action catéchétique.

Nous proposons de considérer la responsabilité catéchétique de l'Église à partir de quatre points de vue. Chacun d'entre eux caractérise une composante de « *l'offre catéchétique particulière* » qui sera proposée par un diocèse. Ensemble ils décrivent « *les divers processus de catéchèse [qui] ne doivent pas être organisés séparément, comme s'il s'agissait de domaines étanches et sans communication* [1] ». Aucun de ces points de vue ne correspond à un programme catéchétique immédiatement utilisable par des catéchistes.

Des niveaux d'implication différents.

Ces quatre points de vue sur la responsabilité catéchétique appellent des mises en œuvre à des niveaux de responsabilité différents : certaines peuvent être décidées de manière générale pour tout le diocèse. D'autres offrent plutôt des possibilités laissées à l'appréciation des responsables pastoraux locaux. D'autres encore sont des appels adressés à des secteurs particuliers de la vie de l'Église.

Parmi ces mises en œuvre, certaines impliquent les acteurs directs que sont les catéchistes. D'autres appellent des partenariats avec des mouvements, des aumôneries ou des établissements catholiques d'enseignement. Certaines font plus nettement appel aux forces vives des paroisses.

Une telle organisation renforce le caractère ecclésial de la catéchèse, rappelant que « *la catéchèse est un service unique, accompli conjointement par les prêtres, les diacres, les religieux et les laïcs, en communion avec l'évêque. Toute la communauté chrétienne doit se sentir responsable*

1. *Directoire général pour la catéchèse*, n° 274-275.

de ce service. [...] Selon le rôle de chacun, le ministère de la catéchèse offre, d'une façon complète, la Parole et le témoignage de la réalité de l'Église. Si une de ces formes de présence venait à manquer, la catéchèse perdrait une partie de sa richesse et de sa signification [1] ».

Dans chaque diocèse, « *l'évêque, responsable de la communauté et maître de doctrine, dirige et conduit l'ensemble des activités catéchétiques du diocèse* [2] » par l'action multiforme du service diocésain. Il lui appartient de fixer l'articulation entre les différentes propositions d'organisation.

Les destinataires du texte.

Ces propositions d'organisation concernent au premier chef les responsables de catéchèse et les responsables pastoraux chargés de veiller à la mise en œuvre des orientations diocésaines de catéchèse à tous les âges de la vie.

---

1. *Directoire général pour la catéchèse*, n° 219.
2. *Directoire général pour la catéchèse*, n° 265. « *La catéchèse est une activité si importante dans la vie d'une Église particulière qu'aucun diocèse ne peut se passer d'un Office Catéchistique* » (DGC n° 267).

CHAPITRE PREMIER

UNE ORGANISATION DE CATÉCHÈSE ORDONNÉE À TOUTES LES ÉTAPES DE LA VIE

« La catéchèse selon les différents âges est une nécessité essentielle pour la communauté chrétienne. En effet, d'un côté la foi participe au développement de la personne, de l'autre, chaque étape de la vie est exposée au défi de la déchristianisation et doit surtout se mesurer avec les tâches toujours nouvelles de la vocation chrétienne. C'est pourquoi on donne à bon droit des catéchèses diversifiées selon les âges et complémentaires, conformément aux besoins et aux capacités des destinataires [1]. »

1.1. Situation.

Aujourd'hui, les personnes ont un rapport au temps beaucoup plus morcelé et rapide que les générations précédentes. Leur participation à une activité revêt souvent un

1. *Directoire général pour la catéchèse*, n° 171.

caractère éphémère, si bien qu'une proposition catéchétique longue, déployée selon un parcours linéaire de plusieurs années, devient problématique pour beaucoup. Une organisation « par module » est adaptée à ce nouveau rapport au temps.

Aujourd'hui, les personnes s'éveillent à la foi à tout âge. Il faut donc faire des propositions de catéchèse aux différentes étapes qui marquent la vie, selon des pédagogies adaptées à chacune de ces périodes. L'organisation proposée ici envisage de le faire avec des enfants, des préadolescents, des adolescents, des jeunes lycéens, avec des adultes qui entrent dans la stabilité d'une vie de couple et accueillent un enfant, mais elle peut aussi s'envisager à l'âge de la maturité, au moment de la retraite professionnelle et pour des personnes vivant des situations d'épreuve.

Aujourd'hui on devient chrétien au fil d'un développement continu de la personne. Mais le champ éducatif est un domaine spécifique qui continue de demander un investissement catéchétique privilégié et soutenu. Cette nécessité s'impose à l'Église en vertu même des dispositions de la loi française qui prélève un espace sur le temps scolaire pour « *permettre aux parents de donner, s'ils le désirent, à leurs enfants l'éducation religieuse en dehors des édifices scolaires* [1] ».

1.2. Principes directeurs.

Une organisation catéchétique par étapes de la vie prend appui sur les dynamismes et les besoins vitaux qui corres-

1. Article 2 de la loi du 28 mars 1882 (dite Loi Ferry). Cette règle de droit est reprise dans la loi du 31 décembre 1959 stipulant que « *l'État prend toutes dispositions utiles pour assurer aux élèves de l'enseignement public la liberté des cultes et de l'instruction religieuse* » (art. 1).

pondent à chaque période déterminante du développement ou de l'histoire des personnes. À chaque étape de la vie correspond une nouvelle proposition cohérente de catéchèse. Cette organisation par étapes de la vie regroupe des personnes vivant la même période de leur histoire.

Loin d'annuler la possibilité de procéder par années scolaires, elle peut l'enrichir. Elle a l'avantage d'offrir une possibilité nouvelle : elle permet de réunir des enfants ou des jeunes de plusieurs niveaux scolaires là où, comme par exemple dans des régions rurales, ce choix de regroupement est souhaitable et même parfois nécessaire.

Un cadre de référence par étape de la vie.

Un cadre de référence donne sa cohérence à la proposition catéchétique faite à chaque étape de la vie. Nous appelons « cadre de référence » toute « *synthèse cohérente et vitale de la foi* [1] » qui précise quels appuis de la vie chrétienne sont à honorer : par exemple les appuis que Jésus lui-même donne à la relation avec Dieu dans la prière du *Notre Père*, ou les appuis que la mémoire des grandes étapes de l'histoire du salut donne au sentiment d'appartenir au peuple de l'alliance... C'est un tel cadre de référence qui donne à cette organisation de la catéchèse son caractère « *organique et systématique* [2] » de catéchèse ordonnée.

Une banque de modules par étapes de la vie.

Le module est l'unité de base d'une telle organisation de la catéchèse. Par module nous entendons une démarche qui s'étale sur plusieurs rencontres, selon une durée, un rythme et des modalités qui peuvent varier selon les âges

1. *Directoire général pour la catéchèse*, n° 114.
2. *Directoire général pour la catéchèse*, n° 68.

et les possibilités. À chaque étape de la vie devra correspondre une « banque de modules » dans laquelle les animateurs puiseront, en ajustant les propositions selon les besoins et la situation.

Des temps festifs en fin d'étape.

Il est souhaitable que la fin d'une étape de la vie soit marquée par un temps festif ritualisé, communautaire et occasion d'implication personnelle : les participants à la catéchèse « redonnent » ce qu'ils se sont personnellement approprié de la foi de l'Église et la communauté chrétienne retourne au cœur de l'expérience chrétienne en devenant témoin et responsable par la prière de l'étape parcourue. Même si toute proposition de catéchèse ordonnée demande que les personnes soient volontaires pour y participer ou du moins qu'elles en acceptent l'invitation, une étape de la vie ne se conclut pas nécessairement par des « engagements ».

Dans un environnement ecclésial.

La réussite de cette organisation de la catéchèse est directement liée à l'environnement ecclésial. Elle demande certainement de faire appel à des personnes-ressources, adultes, parents ou grands jeunes dont les compétences seront utiles. Elle invite aussi à vivre une heureuse alternance entre vie d'équipe et rencontres en groupes plus larges, entre proximité géographique et regroupements paroissiaux ; cette alternance permet de moduler les interventions des divers acteurs de la catéchèse : des animateurs de petite équipe, des catéchistes plus expérimentés pour conduire un grand groupe, le prêtre de la paroisse ou du regroupement paroissial qui trouvera dans les rencontres plus larges des occasions régulières de participer lui-même à l'action catéchétique.

Une catéchèse qui s'appuie sur les dynamismes et richesses propres à chaque étape de la vie appelle l'existence de moments intergénérationnels. Inviter les uns et les autres à partager ce que chacun a vécu et découvert de son côté a le grand avantage de développer l'appartenance à la communauté chrétienne. Parfois même, de tels moments de partage intergénérationnels contribuent à créer ou relancer une vie de communauté chrétienne.

1.3. Indications pratiques.

C'est à l'âge de raison communément fixé à sept ans que débute la participation à ces propositions de catéchèse ordonnée par étapes de la vie. Ensuite, à chaque nouvelle étape de la vie, on change si possible de groupe, pour bénéficier d'une nouvelle proposition et d'un nouveau type de démarche, avec de nouveaux animateurs.

Cette organisation de la catéchèse par modules couvre les étapes de la vie scolaire mais s'étend également aux âges de la vie adulte, par exemple à l'âge où on est étudiant ou jeune professionnel, à l'occasion de l'entrée dans la stabilité d'une vie de couple et autour de l'accueil d'un enfant, ou encore à l'occasion de la cessation d'activité professionnelle...

Pour élaborer la nouvelle génération d'instruments pédagogiques que nécessitera cette organisation de la catéchèse par modules à toutes les étapes de la vie, les fondamentaux de l'acte catéchétique donnés par le *Texte national pour l'orientation de la catéchèse* seront des indications utiles [1].

---

1. On se reportera plus particulièrement aux points d'appui précisés au chapitre 3 de ce *Texte national.*

CHAPITRE 2

UNE ORGANISATION DE LA CATÉCHÈSE PAR LIEUX ET REGROUPEMENTS DE VIE

« L'Évangile demande une catéchèse ouverte, généreuse, qui ait le courage de rejoindre les hommes là où ils vivent et d'atteindre les centres de l'existence où ont lieu les premiers échanges culturels fondamentaux, comme la famille, l'école, le milieu de travail, les loisirs [1]. »

2.1. Situation.

La famille est le premier lieu de contact avec l'Évangile et la vie chrétienne. Mais l'image même de la famille, et la manière d'envisager sa vocation éducative, se présente aujourd'hui de manière contrastée. Des parents au sens chrétien profond assurent l'éducation chrétienne de leurs enfants en leur offrant le milieu nourricier et accueillant d'une sorte d'« *Église domestique* [2] ». Ils trouveront dans

1. *Directoire général pour la catéchèse*, n° 211.
2. CONCILE VATICAN II, constitution *Lumen gentium*, n° 11.

leur paroisse et dans les établissements catholiques compréhension et soutien.

D'autres parents ne sont plus en mesure d'être pour leurs enfants « *les premiers hérauts de la foi* ». Il arrive que des grands-parents souhaitent s'impliquer dans l'éducation religieuse des petits-enfants, sans parler des enfants eux-mêmes qui agissent sur leurs parents par leurs questions et leurs demandes de foi.

Dans la vie des enfants, des adolescents et des jeunes étudiants, le temps scolaire est une composante importante de l'existence. Mais à l'intérieur de l'espace scolaire la dimension spirituelle de la personne peine parfois à s'exprimer, quand elle n'est pas proprement évacuée.

Les établissements catholiques d'enseignement sont des lieux ouverts à tous, mais au titre de leur « caractère propre », ils sont aussi des lieux d'Église à qui « *appartient en propre de créer dans la communauté scolaire une atmosphère animée d'un esprit évangélique de liberté et de charité, d'aider les adolescents à développer leur personnalité [...] et finalement d'ordonner toute la culture humaine à l'annonce du salut* [1] ».

À l'intérieur ou à proximité des établissements secondaires de l'enseignement public, des lieux d'aumônerie offrent à de jeunes adolescents un espace d'accueil et de rencontres, parfois un complément à la vie paroissiale, en tout cas un point de contact avec des adultes chrétiens et une réelle expérience de vie chrétienne.

La vie de l'Église en France est aussi riche de diverses associations, mouvements et groupements de fidèles qui accueillent des enfants, des jeunes et des adultes, proches ou non de l'Église, dont ils hébergent le questionnement, accompagnent et soutiennent le développement spirituel.

---

1. CONCILE VATICAN II, déclaration *Gravissimum educationis momentum*, n° 8.

Ceux qui rejoignent ces lieux de vie ne le font pas nécessairement pour des motifs de foi, mais à cause de ce qui se vit dans ces groupes, parce qu'ils sentent qu'ils vont y trouver de quoi continuer à grandir. La préoccupation de la foi tend à devenir une dimension marquante du projet apostolique d'éducation, d'animation ou d'évangélisation de ces regroupements de laïcs.

2.2. Principes directeurs.

Nous appelons chacun de ces lieux et regroupements de vie à développer davantage encore la préoccupation qui l'anime déjà à l'égard de la foi, en acceptant d'aller jusqu'à prendre en charge cette forme du ministère de la Parole appelé « première annonce ».

Caractéristique d'une première annonce.

Comme l'indique le mot « annonce », nous entendons par là tout effort de formulation structurée, raisonnée, explicite et adaptée de la foi. Une première annonce donne à entendre ce qui fait vivre les croyants, selon la pédagogie même du Christ qui sans cesse s'approche, rencontre, cher che la relation, appelle à la conversion et à la foi.

Une action de première annonce est toujours ponctuelle, motivée par un événement, un moment, une circonstance ou toute autre nécessité qui demande qu'on en prenne l'initiative. Dans une première annonce, quelqu'un réagit à une situation en s'exposant comme croyant.

Une première annonce exprime la volonté de l'Église de faire résonner l'Évangile qui la fait vivre. Celui qui reçoit l'annonce est libre de l'entendre, d'y adhérer ou non, de se laisser questionner. Une première annonce ne nécessite pas de recueillir préalablement une demande volontaire de la part de ceux à qui elle est adressée.

Les chances d'une première annonce.

En appelant la famille, les espaces scolaires, les mouvements à élaborer des actions de première annonce, nous ne leur demandons pas de renoncer à ce qui fait leur vocation propre. Nous pensons au contraire que leur spécificité comme lieux et regroupements de vie les rend plus aptes que d'autres secteurs de la vie de l'Église à prendre en charge cette facette de la responsabilité catéchétique.

Tous ont d'abord vocation à bâtir un climat qui donne envie d'aller plus loin par une vraie attention à la personne, par le souci de susciter et de former des accompagnateurs qui vivent de la foi, par la préoccupation permanente d'une qualité de relations, choisie et constamment relue. Ce sont là des conditions impératives pour la mise en œuvre d'une première annonce. Sans cohérence entre ce qui est vécu et ce qui est annoncé, sans espace d'expérience où l'annonce prend visage et trouve son authenticité, le ministère de la Parole peut difficilement s'exercer.

2.3. La famille.

Au moment du baptême de leurs enfants, les parents prennent l'engagement de leur proposer la foi. Comme toujours, les familles ont besoin d'être soutenues dans cette responsabilité. Cela demande fondamentalement qu'elles soient accueillies et respectées, quel que soit le statut matrimonial des parents, aussi et surtout quand ces familles sont faibles ou désunies, impuissantes ou démunies devant les difficultés éducatives ou les problèmes matériels. On sera attentif aux familles issues de l'immigration et aux gens du voyage.

On ne peut guère appeler une famille à exercer la responsabilité de première annonce sans commencer par valoriser chez elle tout ce qui est déjà pierre d'attente pour l'Évangile : passer du temps ensemble, prendre des repas ensemble, prendre soin des malades et des plus petits, partager les services, vivre l'hospitalité...

Divers chemins d'annonce explicite peuvent alors être proposés aux parents : oser prier, oser parler de sa propre foi, mais aussi de son refus de croire ou de ses interrogations, parler ensemble de la foi sans moquerie, exprimer ses questions devant le mal, la mort, l'amour, oser le pardon demandé et donné, marquer religieusement les fêtes religieuses...

Si des familles acceptent de s'engager ainsi, il est bon que la paroisse s'engage elle aussi à les écouter, à les aider dans leur recherche, à les accueillir dans la discussion, à les aider en cas de problème, en leur indiquant par exemple des personnes d'expérience. Par toutes sortes d'initiatives, la paroisse peut également contribuer à élargir le seul cercle familial : en favorisant la rencontre et le partage entre les familles, en aidant des parents à accueillir les questions quand elles arrivent, en formant les jeunes adultes à découvrir et à prendre en compte les enjeux de l'éducation de leurs enfants, en aidant les parents à se familiariser avec ce que vivent leurs enfants...

2.4. L'éveil à la foi des tout-petits.

L'âge de la petite enfance (entre trois et six ans) est un moment important pour le « devenir chrétien ». À cet âge de la vie, il convient de développer des propositions qui privilégient l'imprégnation. Le petit enfant se familiarise avec des manières de prier en s'imprégnant de la prière de ceux qui l'entourent ; il apprend à poser des gestes de la foi en imitant ceux qui les font avec lui ; il aime écouter des histoires en osmose avec la personne qui les lui lit. À cet âge, toute proposition s'appuie donc nécessairement sur la présence des parents et de la communauté humaine proche des parents.

Dans le cadre de cet éveil à la foi des tout-petits, il importe de proposer des célébrations spécialement ajustées à la petite enfance. Elles sont un lieu irremplaçable de familiarisation avec la liturgie et la prière chrétienne. En accordant une place importante aux récits bibliques, elles contribuent à forger une mémoire de la foi. Il convient seulement de considérer le petit enfant dans son environnement familial. Tout ce que vit un tout-petit a nécessairement des répercussions sur sa famille et inversement.

2.5. L'espace scolaire.

Les lieux de regroupement et de vie que constituent les aumôneries de l'enseignement public ou les établissements catholiques d'enseignement sont des espaces propices à des propositions de première annonce. Les particularités locales, les moyens disponibles ou les contraintes liées à l'implantation géographique peuvent aussi les amener à organiser une catéchèse ordonnée par modules. L'évêque précisera alors dans les orientations diocésaines de catéchèse comment ces lieux de vie s'articulent avec les communautés chrétiennes locales. La lettre de mission du responsable en fera mention.

Un établissement catholique d'enseignement qui accueille des enfants de nombreuses paroisses dispersées, un mouvement ou une aumônerie de l'enseignement public peuvent être conduits à organiser une catéchèse en réponse à des demandes de baptême, de première communion eucharistique ou de confirmation. La cohérence ecclésiale de l'action catéchétique demande là aussi qu'une convention diocésaine précise les conditions d'une telle prise en charge.

Une action raisonnée de première annonce peut avantageusement se développer dans les départements et territoires français où l'existence d'un statut scolaire local ou des particularités du Code de l'éducation autorisent l'Église à organiser une présence dans l'espace scolaire qui peut aller jusqu'à des propositions d'annonce dans le cadre des horaires scolaires hebdomadaires.

2.6. Autres lieux de vie.

Un mouvement d'adultes, les rencontres de la Mission étudiante ou tout autre groupe de référence sont des lieux de vie où il convient d'offrir à des étudiants ou des jeunes professionnels des aides pour avancer et continuer : lorsqu'ils permettent d'entendre ce que des chrétiens ont à dire sur la recherche de Dieu, lorsqu'ils aident à se confronter aux positions de l'Église, lorsqu'ils plongent dans des expériences de vie ecclésiale (par exemple, les pèlerinages ou les JMJ), lorsqu'ils aident à mûrir des orientations de vie à l'écoute de croyants qui incarnent des choix possibles.

Dans la relation avec des personnes handicapées ou inadaptées, les propositions de première annonce gagnent toujours à s'inscrire dans un effort d'intégration. De la même manière qu'un établissement spécialisé recherche des occasions de rencontres hors de l'établissement ou l'intervention de personnes extérieures, ouvrir la personne handicapée sur d'autres croyants et l'inviter à rejoindre les communautés paroissiales contribue fortement à développer sa propre capacité à vivre en croyant.

CHAPITRE 3

UNE ORGANISATION DE LA CATÉCHÈSE ARTICULÉE À L'ANNÉE LITURGIQUE

> *« L'attention portée à l'individu ne doit pas faire oublier que la catéchèse est destinée à toute la communauté chrétienne comme telle et, en elle, à chaque personne*[1]. »

3.1. Situation.

La force pédagogique de l'année liturgique est manifeste lorsque son itinéraire est suivi de manière régulière et continue. Mais les personnes participent aujourd'hui à la vie d'une communauté chrétienne de manière souvent épisodique. Et le rythme du calendrier chrétien est encore brouillé par le temps social du commerce ou des vacances scolaires. Le cycle des fêtes chrétiennes reste pourtant la partie la plus solide de la culture chrétienne, même pour des non-pratiquants. Il donne du sens et une direction au temps, dans l'éclatement des agendas et des horaires.

L'année liturgique épouse le rythme dominical. Mais le dimanche se trouve souvent réduit à la seule célébration

1. *Directoire général pour la catéchèse*, n° 168.

de l'eucharistie. « *L'eucharistie édifie l'Église* [1] », mais la seule célébration de l'eucharistie ne fait pas une communauté vivante. Une organisation de la catéchèse dans le cadre du dimanche a l'avantage d'élargir le rassemblement dominical en un moment de vie ecclésiale. Elle contribue alors à construire une communauté vivante à l'intérieur de laquelle la célébration eucharistique redevient le lieu vital, « *fondement et noyau de l'année liturgique* [2] ».

Dans un contexte de forte pression professionnelle, lorsque parents et enfants vivent des horaires décalés, le dimanche est souvent perçu d'abord comme un moment privilégié de loisirs, de détente et de retrouvailles : on préfère rester en famille pour « profiter des enfants ». Par une organisation de la catéchèse qui suscite des temps conviviaux et intergénérationnels, le dimanche peut devenir aussi un temps d'édification des liens familiaux.

3.2. Principes directeurs.

Une organisation de la catéchèse articulée à l'année liturgique s'enracine nécessairement dans la nature même de l'année liturgique. Le cycle des dimanches et fêtes fait pénétrer toujours davantage dans la réalisation de la promesse de salut et de re-création avec laquelle Dieu s'offre à nous. Cette promesse est comme déclinée dans les événements de l'histoire du salut. Elle se tient accomplie une fois pour toutes dans la mort et la résurrection du Christ.

C'est parce qu'elle nous fait vivre ce chemin que l'année liturgique est structurante pour la vie chrétienne. Orienter sur ce chemin et réunir les conditions qui permettent aux

1. JEAN PAUL II, encyclique *Ecclesia de eucharistia*, n° 21.
2. CONCILE VATICAN II, constitution sur la liturgie *Sacrosanctum concilium*, n° 106.

personnes de le parcourir est ce qui caractérise cette organisation de la catéchèse.

L'habitude s'est répandue de rythmer l'année liturgique avec une série de « temps forts », tout particulièrement durant les périodes privilégiées de l'avent et du carême. Mais une organisation de la catéchèse articulée à l'année liturgique doit aussi pouvoir trouver son axe de déploiement dans la simplicité du temps ordinaire tel qu'il est vécu tout au long de l'année.

3.3. Indications pratiques.

La mise en œuvre d'une proposition catéchétique articulée à l'année liturgique obéit à cinq constantes :

a. un climat de convivialité qui s'exprime au moment de l'accueil et du lancement, mais souvent aussi à travers la proposition d'un repas ou d'un pique-nique partagé en commun ;

b. un rassemblement autour de la Parole de Dieu, d'abord proclamée, puis méditée selon des pédagogies adaptées à l'âge des participants ;

c. des propositions d'ateliers dans le cadre desquels les diverses générations et situations de vie peuvent être mélangées pour un partage mutuel respectueux de ce que chacun aura découvert et goûté ;

d. une implication de l'ensemble de la communauté chrétienne, en faisant appel aux ressources et compétences des uns et des autres ;

e. une célébration eucharistique vécue en commun qui laisse largement la place aux enfants et aux jeunes.

Ces initiatives catéchétiques donnent une grande place à la Parole de Dieu proclamée dans la liturgie du dimanche. Mais ce n'est pas d'abord à l'intérieur de la liturgie que se vit cette organisation de la catéchèse, même si elle a forcément des répercussions sur la manière de préparer et de mettre en œuvre la liturgie, par le soin qu'on décidera d'apporter à l'homélie, aux monitions, aux temps de silence et d'intériorisation ou au choix des chants par exemple.

Pour donner à cette organisation de la catéchèse des chances de durer, il est bon de trouver le juste rythme. Des propositions peuvent s'envisager chaque dimanche dans un relais paroissial, de manière mensuelle dans des regroupements, à l'occasion des seuls temps forts de l'année liturgique (par exemple, avent et carême). Quand les propositions sont espacées, on veillera toutefois à les répartir sur d'autres moments de l'année, pour que la communauté chrétienne soit nourrie par la richesse de tout le cycle liturgique.

Il est tout aussi indispensable d'insérer cette organisation catéchétique dans un projet pastoral d'ensemble, par une association étroite de l'équipe d'animation pastorale dès l'élaboration du projet. Le prêtre responsable de la paroisse a une fonction décisive dans l'articulation de cette proposition catéchétique avec l'ensemble des propositions de formation faites localement. Il veillera aussi à l'analyse et à la relecture régulière de l'action entreprise.

CHAPITRE 4

UNE ORGANISATION DE LA CATÉCHÈSE EN RÉPONSE AUX DEMANDES SACRAMENTELLES

> *« Les sacrements forment un tout organique ; comme des forces régénératrices, ils jaillissent du mystère pascal de Jésus-Christ, formant "un organisme en lequel chaque sacrement a sa place vitale". Dans cet organisme, l'Eucharistie tient une place unique ; tous les autres sacrements lui sont ordonnés : elle est le "sacrement des sacrements* [1] *". »*

4.1. Situation.

De nombreux enfants, adolescents et adultes demandent aujourd'hui à recevoir le baptême. Ces demandes naissent dans des groupes de catéchèse, dans des lieux de vie, à des étapes marquantes de l'histoire personnelle. Inversement, de plus en plus d'enfants sont accueillis en catéchèse sans être baptisés. Cette situation nouvelle appelle l'organisa-

---

1. *Directoire général pour la catéchèse*, n° 115, citant le *Catéchisme de l'Église catholique*, n° 1211.

tion de propositions catéchétiques qui rendent possible un itinéraire de maturation.

Aujourd'hui, un certain nombre de personnes accueillent volontiers des propositions de catéchèse, mais ne sont pas prêtes pour une démarche sacramentelle. Inversement, des demandes de sacrement émanent de personnes qui n'ont jamais participé à la catéchèse. Ce constat invite à s'inspirer du catéchuménat des adultes qui a l'expérience de conduire aux sacrements avec des propositions catéchétiques spécifiques.

Dans le contexte de la distance que beaucoup vivent aujourd'hui par rapport à la foi et à la vie ecclésiale, le cheminement catéchuménal est une proposition adaptée, parce qu'il articule accueil inconditionné des personnes et cheminement catéchétique proposé par l'Église. Des croyants qui acceptent de prendre en charge la responsabilité catéchétique de l'Église ressentent d'ailleurs souvent le besoin de vivre pour eux-mêmes un chemin de type « catéchuménal ».

4.2. Principes directeurs.

Un cheminement qui conduit spécifiquement aux sacrements s'appuie sur les quatre piliers qui structurent le processus catéchuménal :

a. Comme pour toute proposition catéchétique, il « *puise son contenu à la source vivante de la Parole de Dieu, transmise dans la Tradition et dans les Écritures* [1] ». Il fait surtout rencontrer le Christ Jésus tel qu'il se manifeste aux hommes par toute sa vie.

b. Il appelle à la conversion personnelle en favorisant notamment la relecture, en équipe ou en accompagnement individuel, de ce qui a été vécu.

---

1. *Directoire général pour la catéchèse*, n° 94.

c. Il fait rencontrer un visage d'Église vivant : par l'échange et le partage en groupe ; au travers des liens de parrainage avec des membres de la communauté ; la rencontre de témoins qui incarnent des manières de vivre en chrétien ; la rencontre de ceux qui ont célébré le sacrement au cours des années précédentes.

d. Il s'enracine dans la vie liturgique et la prière de l'Église, surtout au travers des étapes liturgiques qui en rythment l'itinéraire.

L'importance de la célébration elle-même.

Un cheminement « de type catéchuménal » ne conduit pas seulement au seuil du sacrement. Il repose tout entier sur la dynamique de la célébration sacramentelle elle-même. « *Il est en effet capital que la célébration du sacrement demandé et préparé n'apparaisse pas comme un acte isolé mais, au contraire, comme l'étape décisive et inséparable de tout le chemin parcouru jusque-là* [1]. »

Un temps de mystagogie après la célébration.

Une proposition catéchétique qui se préoccupe des sacrements comprend un temps de mystagogie après la célébration sacramentelle. Il est vécu au sein de la communauté chrétienne. Il a pour fonction de donner l'intelligence de ce qui a été vécu durant la célébration. Il « *permet de découvrir la signification des gestes et des paroles de la liturgie, aidant ainsi les fidèles à passer des signes au mystère et à enraciner en lui leur existence tout entière* [2] ».

Beaucoup de chrétiens familiers des célébrations chré-

1. Points de repère en pastorale sacramentelle, *Documents Épiscopat* 10/11, juin 1994.
2. JEAN PAUL II, lettre apostolique *Mane nobiscum Domine*, n° 17.

tiennes souhaitent aujourd'hui une telle proposition de catéchèse prenant appui sur les rites liturgiques. Dans le cycle de l'année liturgique, le temps pascal est le moment le plus approprié : le mystère pascal est à la source de chacun des sacrements.

Les sacrements de l'initiation chrétienne,
clé de voûte du devenir chrétien.

Les trois sacrements de l'initiation chrétienne (baptême, confirmation, eucharistie) structurent l'itinéraire par lequel on devient chrétien : « *Ils conduisent ensemble à leur pleine stature les fidèles qui exercent dans l'Église et dans le monde la mission de tout le peuple chrétien* [1]. » Le dispositif sacramentel de l'initiation chrétienne n'est donc pas achevé tant que les trois sacrements n'ont pas été donnés.

4.3. Indications pratiques.

Des demandes de sacrements sont souvent recueillies dans le cadre d'une organisation de la catéchèse par âges et étapes de la vie. La participation à un cheminement de type catéchuménal qui conduit au sacrement peut alors faire office de catéchèse ordonnée, sans forcément nécessiter la participation conjointe à une proposition de catéchèse par modules.

Les demandes de sacrement arrivent parfois de manière inattendue ou imprévue. Il ne peut être question de refuser un sacrement à quelqu'un qui en fait la demande, encore moins si cette personne est handicapée. Une proposition de type catéchuménal permet en revanche d'accueillir les demandes en établissant un délai et une possibilité de che-

1. *Rituel de l'initiation chrétienne des adultes*, notes doctrinales et pastorales, n° 2.

minement catéchétique entre la demande et la célébration du sacrement.

Pour élaborer la nouvelle génération d'instruments pédagogiques que nécessitera cette forme de réponse aux demandes sacramentelles, les équipes d'auteurs se référeront aux itinéraires de foi tracés par les différents Rituels car c'est là que s'expriment la proposition que fait l'Église dans les sacrements et l'importance de ceux-ci pour une vie de croyant.

CHAPITRE 5

LA COORDINATION DE L'ACTION CATÉCHÉTIQUE

> *« L'évêque a pour fonction principale, avec la prédication, de promouvoir une catéchèse active et efficace. Aucune organisation dans l'Église ne peut revendiquer le monopole de la catéchèse, par conséquent, il est de la seule responsabilité de l'évêque d'organiser la catéchèse diocésaine selon les principes et les normes émanant du Siège Apostolique, prévoyant les diverses modalités de catéchèse adaptées aux besoins des fidèles* [1]. »

5.1. Des priorités et choix d'organisation.

L'évêque intègre l'action catéchétique dans le projet pastoral de son diocèse en la considérant comme l'un des aspects importants du processus d'évangélisation dans lequel toute l'Église trouve sa vocation et sa raison d'être.

Quelles que soient les solutions concrètes qu'il retient pour organiser la catéchèse – selon les étapes de la vie,

1. *Directoire pour le ministère pastoral des évêques*, n° 128.

selon les lieux de vie, articulées à l'année liturgique ou répondant aux demandes sacramentelles –, il veille à ce que chaque personne, quel que soit son point de départ, accède au tout de la foi et que la catéchèse qui lui est offerte présente ainsi un caractère organique et complet. Il veillera aussi à donner à chaque fidèle, quel que soit son âge, les moyens nécessaires pour nourrir, unifier, bref pour vivre sa foi.

Dans ce but, il dote son diocèse d'un projet global de catéchèse par lequel il indique ses priorités et ses choix d'organisation. Dans la situation actuelle il est bon d'envisager, à partir des quatre « entrées » que nous venons d'évoquer, l'organisation catéchétique en un réseau dont les différentes composantes s'ouvrent les unes sur les autres : dans une telle organisation tout le monde ne fait pas tout et chacun ne reçoit que ce qui lui est approprié. Ainsi, celui qui cherche à devenir disciple du Christ se voit guidé vers la porte d'entrée qui lui convient au niveau local, sectoriel ou décanal, diocésain, provincial ou national. Il se voit proposer les chemins et les moyens qui lui sont le mieux adaptés, des rencontres personnelles ou en groupe, des lectures, jusqu'à la navigation sur l'Internet.

5.2. Un dispositif bien articulé.

Pour qu'une telle organisation soit vraiment ecclésiale, il importe que chaque proposition soit clairement définie, que des partenariats soient établis et que des personnes formées veillent à ce que le dispositif soit efficace. Pour cela, les orientations diocésaines de catéchèse décrivent soigneusement les modalités d'intervention des divers acteurs de la catéchèse, en spécifiant le rôle de chacun au sein de la communauté chrétienne : les prêtres, les diacres, les religieux et religieuses, les catéchistes, les responsables de mouvements, d'aumôneries ou d'établissements catholiques, les parents ou les fidèles des communautés.

Un service diocésain est nécessaire pour instituer, animer et réguler ce dispositif dans le cadre du projet global de catéchèse [1]. Il ne peut le faire qu'en lien étroit avec l'évêque mais aussi avec les autres services diocésains. Il est au service des communautés locales en leur fournissant de l'expertise catéchétique, des documents pédagogiques, de l'aide au discernement des situations, du soutien aux initiatives et de la formation. Mais le service diocésain doit aussi coordonner les efforts des uns et des autres, faire circuler l'information, organiser des partenariats. Autant que de besoin, il est à la disposition de l'évêque pour l'aider à déterminer les documents pédagogiques qu'il veut promulguer dans son diocèse. Enfin, à tous les niveaux, il a la responsabilité de permettre l'évaluation de l'action catéchétique de l'Église locale.

Le service diocésain peut ne pas avoir localement toutes les ressources, humaines ou matérielles, nécessaires à son action. Le *Directoire général pour la catéchèse* (n° 268) encourage fortement la collaboration entre diocèses. Il est bon, en ce cas, que le service diocésain travaille en lien avec quelques ou tous les services diocésains de la Province en vue de mutualiser tout ou partie de leurs efforts. De toute façon, il est toujours important et bénéfique pour les services diocésains de se rencontrer.

Le service diocésain trouve dans le Service national de la catéchèse et du catéchuménat un lieu d'informations, d'échanges, de croisement des compétences et une aide pour trouver des personnes-ressources, des formations et des documents pédagogiques appropriés. Autant que faire se peut, il participe activement aux rencontres organisées

1. *Directoire général pour la catéchèse*, n° 265.

par le Service national et à l'élaboration des documents pédagogiques demandés par la Conférence des évêques de France ou la Commission épiscopale de la catéchèse et du catéchuménat.

CONCLUSION

L'Esprit est au travail dans notre monde et anime l'Église en la gardant dans la fidélité à sa mission. Notre espérance est vive et grande. Avec l'aide de Marie, mère de l'Église, nous voulons accueillir aujourd'hui le Souffle du renouveau.

La catéchèse des enfants est pour nous une richesse de l'Église en France. Mais pour être fidèles à notre mission et pour garder ce trésor, il nous faut aussi offrir des chemins catéchétiques à l'ensemble de ceux qui veulent devenir, ou devenir davantage, disciples du Christ. Les besoins et les demandes sont si divers qu'il n'est plus possible de ne développer qu'un modèle unique de catéchèse : il nous faut aujourd'hui oser concevoir des itinéraires adaptés à chacun.

Mais, quels que soient ces itinéraires, ils ne peuvent donner du fruit qu'à la condition d'être portés par les communautés chrétiennes conscientes de leur responsabilité à l'égard de l'évangélisation. Cette responsabilité globale n'exclut en rien, mais au contraire appelle des ministères et des fonctions spécifiques qui ne pourront s'exercer véritablement que grâce à un renouvellement de notre investissement dans la formation.

Le cœur de tout élan catéchétique est la confiance en Dieu. Ce que nous proposons mettra du temps à être mis en œuvre, mais le véritable renouvellement que nous souhaitons est celui qui est signifié d'année en année, lors de la vigile pascale, lorsque le peuple de Dieu puise à la source de la mort et de la résurrection du Christ, la force de dire : « Nous croyons. »

> *« Elle est inépuisable, la grâce par laquelle Dieu nous a remplis de sagesse et d'intelligence en nous dévoilant le mystère de sa volonté, de ce qu'il prévoyait dans le Christ pour le moment où les temps seraient accomplis ; dans sa bienveillance, il projetait de saisir l'univers entier, ce qui est au ciel et ce qui est sur la terre, en réunissant tout sous un seul chef, le Christ. En lui, Dieu nous a d'avance destinés à devenir son peuple ; car lui, qui réalise tout ce qu'il a décidé, il a voulu que nous soyons ceux qui d'avance avaient espéré dans le Christ, à la louange de sa gloire. Dans le Christ, vous aussi, vous avez écouté la parole de vérité, la Bonne Nouvelle de votre salut ; en lui, devenus des croyants, vous avez reçu la marque de l'Esprit Saint. Et l'Esprit que Dieu avait promis, c'est la première avance qu'il nous a faite sur l'héritage dont nous prendrons possession au jour de la délivrance finale, à la louange de sa gloire »* (Ep 1, 7b-14).

ANNEXE 1

Appel aux auteurs d'instruments catéchétiques

Pour organiser une offre catéchétique cohérente et renouvelée, les diocèses auront besoin d'outils et d'instruments de travail appropriés. Les auteurs qui accepteront de relever le défi veilleront à le faire en s'inspirant des fondamentaux exposés dans le *Texte national pour l'orientation de la catéchèse en France* et des principes directeurs qui spécifient les propositions d'organisation présentées dans ce document.

1. Les publications destinées à la catéchèse des enfants ne relèveront plus du *Texte de référence* adopté par les évêques de France le 29 octobre 1979 mais du *Texte national pour l'orientation de la catéchèse en France*. Il est toutefois possible d'engager le renouvellement en continuité avec la situation actuelle : dans l'attente des outils nouveaux, les « parcours » actuellement en vigueur dans les diocèses peuvent être adaptés moyennant les transformations que nécessite la pédagogie d'initiation ; au fur et à mesure de leur disponibilité, de nouvelles propositions préconisées par ce document pourront intervenir en complément des « parcours » actuels pour peu que soit organisée une formation à leur utilisation.

2. Dès que possible, des ensembles cohérents de modules devront offrir les matériaux nécessaires à une catéchèse

ordonnée par étapes de la vie : pour les différentes périodes qui rythment l'âge scolaire ; pour l'âge où on est étudiant ou jeune professionnel ; pour l'entrée dans la stabilité d'une vie de couple et autour de l'accueil d'un enfant ; à cette période clé de l'histoire personnelle que représente toujours la mort d'un proche ; quand survient la cessation d'activité professionnelle et que les personnes cherchent à refonder leur propre histoire ; à l'âge des seniors, quand les expériences de perte et de passage deviennent réalité tangible.

Pour élaborer ces « banques de modules », les auteurs se demanderont : quels sont les questions, les intérêts, les besoins vitaux, les dynamismes et les richesses qui marquent l'étape de la vie concernée ? De quoi les personnes à qui on s'adresse ont-elles besoin pour que la démarche du module rende possible une rencontre avec le Christ ? Par quels matériaux convient-il de passer à ce moment de la vie pour que les appuis de la vie chrétienne deviennent structurants pour l'existence de ces personnes ?

Il sera toujours bon de se rappeler qu'une découverte dans l'ordre de la foi s'exprime en paroles, en gestes, en attitudes, mais transparaît aussi dans les liens que la mémoire permet de faire avec les modules abordés à d'autres moments de la vie. Avec quel niveau d'exigence et quel dosage est-il approprié d'aborder à cet âge la foi vécue, la foi confessée, la foi célébrée et la foi priée ?

Nous demandons que les auteurs accompagnent ces « banques de modules » d'un document spécifique qui puisse permettre aux utilisateurs, catéchistes, animateurs et responsables pastoraux, de se familiariser eux-mêmes avec la synthèse vitale de la foi qu'ils ont choisie pour cadre de référence de leur ensemble pédagogique.

3. Nous appelons des auteurs à élaborer un livre pour la famille. Un tel outil sera utile pour encourager et soutenir les parents dans l'engagement qu'ils ont pris d'éduquer leurs enfants dans la foi chrétienne. Il devra aider les parents

dans leur propre questionnement, de manière à favoriser le mieux possible l'échange familial entre parents et enfants.

4. Nous demandons que des auteurs travaillent à élaborer des outils qui conduisent aux sacrements selon des itinéraires de « type catéchuménal ». Ces instruments catéchétiques devront prendre appui sur la proposition que fait l'Église à travers ses différents Rituels.

Pour structurer ces itinéraires, les auteurs gagneront à se demander : qu'est-ce que la célébration de ce sacrement donne à vivre de l'expérience chrétienne ? Qu'est-ce que ce sacrement construit de la vie chrétienne ? Comment regarder, habiter, accueillir le don qui est fait à l'Église dans ce sacrement ? Par quelles étapes passer pour que les personnes aient le temps d'être ajustées à l'itinéraire de foi que l'Église leur propose ainsi de vivre ?

5. Nous demandons que soient élaborés des outils qui faciliteront la mise en œuvre des étapes de mystagogie après la liturgie sacramentelle. Ces instruments catéchétiques destinés aux adultes, aux catéchistes et responsables pastoraux devront s'enraciner fortement dans la Parole de Dieu et aider à progresser dans l'intelligence de ce qui est vécu durant la célébration sacramentelle.

6. Nous souhaitons que prenne forme une collection de livrets dans laquelle il sera possible de puiser pour organiser des propositions catéchétiques adossées au rythme du temps chrétien. Ces propositions catéchétiques prioritairement destinées au rassemblement dominical devront progressivement recouvrir les trois années qui structurent le cycle de l'année liturgique.

Les évêques de la Commission épiscopale de la catéchèse et du catéchuménat auront à fédérer, stimuler, voire susciter, des équipes d'auteurs capables de travailler à la réalisation de ces chantiers.

ANNEXE 2

Procédure de validation ecclésiale des publications catéchétiques

Toute personne qui propose à l'édition ou « en ligne » des « *instruments de travail d'usage immédiat, utilisés au cours même de l'acte catéchétique* », des « *textes didactiques mis directement dans les mains des catéchumènes et des catéchisés* » ou des « *guides pour les catéchistes* [1] » ne saurait le faire sous sa seule responsabilité. Pour prétendre à une utilisation catéchétique, toute publication est soumise à validation ecclésiale.

1. La validation ecclésiale des publications catéchétiques est une responsabilité exercée par les évêques diocésains [2]. Quand elle porte sur la seule rectitude doctrinale de la publication, l'habilitation est donnée par la simple formule « *Imprimatur* ». Lorsqu'elle vérifie également la conformité aux normes et critères fixés par le *Texte national pour l'orientation de la catéchèse en France* en application du *Directoire général pour la catéchèse*, l'approbation est attestée par la formule « *Imprimatur à usage*

1. *Directoire général pour la catéchèse*, n° 283.

2. « *Le souci de l'activité catéchétique conduira l'évêque à [...] veiller en même temps sur l'authenticité de la profession de la foi et sur la qualité des textes et des instruments qui doivent être utilisés* » (*Directoire général pour la catéchèse*, n° 223).

catéchétique en France ». Pour l'aider dans l'exercice de cette responsabilité, un évêque diocésain peut demander à la Commission épiscopale de la catéchèse et du catéchuménat de lui communiquer un avis qualifié.

Cette procédure s'impose à la fois pour les publications catéchétiques imprimées et audiovisuelles (vidéo, DVD, Cd-Roms), quel que soit l'âge pour lequel les unes et les autres auront été élaborées.

2. Un évêque diocésain peut conférer l'*Imprimatur* à une publication catéchétique sans pour autant vouloir en promulguer l'utilisation dans son propre diocèse. La promulgation est l'acte par lequel chaque évêque dans son diocèse précise quels documents catéchétiques sont appropriés pour la mise en œuvre des orientations diocésaines de catéchèse.

3. Le souci pastoral nous conduit à souhaiter que les publications catéchétiques conformes au *Texte national pour l'orientation de la catéchèse en France* puissent être identifiées dans le vaste marché libéral du livre religieux par une marque visuelle apposée sur leur couverture.

Nous appelons pour cela à la constitution d'un consortium d'édition catéchétique. Les membres de ce regroupement continueront à agir comme société privée mais seront liés par l'engagement moral de publier en application du *Texte national pour l'orientation de la catéchèse en France*. Ils pourront agir par reprise de contrats en cas de défaillance au sein du regroupement.

Tout instrument ou outil catéchétique, imprimé ou audiovisuel, publié par les membres de ce regroupement pourra être revêtu de la marque visuelle de préconisation. Ces publications catéchétiques seront alors éditées selon les mêmes règles contractuelles que celles jusque-là en vigueur pour la seule catéchèse des enfants. La Commission épiscopale de la catéchèse et du catéchuménat veillera aux conditions de l'accord et le président de la Commission épiscopale de la catéchèse et du catéchuménat reste délégué par le Conseil d'administration de l'Union des associations diocésaines pour souscrire les contrats d'édition.

4. Les conditions de la validation ecclésiale doivent également trouver à s'appliquer lorsque la diffusion d'outils et d'instruments catéchétiques se fait par la voie électronique de l'Internet. Le Service national de la catéchèse et du catéchuménat est chargé de développer un site Internet qui fera connaître des ressources de qualité et aidera les utilisateurs à s'orienter dans le vaste champ de l'offre disponible.

SOURCES CITÉES

PAUL VI, encyclique *Ecclesiam suam* (6 août 1964).

CONCILE VATICAN II, déclaration sur l'éducation chrétienne *Gravissimum educationis momentum* (28 octobre 1965).

CONCILE VATICAN II, constitution dogmatique sur la révélation divine *Dei Verbum* (18 novembre 1965).

CONCILE VATICAN II, constitution dogmatique sur l'Église *Lumen gentium* (21 novembre 1964).

CONCILE VATICAN II, décret sur le ministère et la vie des prêtres *Presbyterorum ordinis* (7 décembre 1965).

CONCILE VATICAN II, décret sur l'activité missionnaire de l'Église *Ad gentes* (7 décembre 1965).

PAUL VI, exhortation apostolique sur l'évangélisation dans le monde moderne *Evangelii nuntiandi* (8 décembre 1975).

LES ÉVÊQUES DE FRANCE, *Il est grand le mystère de la foi. Prière et foi de l'Église catholique* (1978).

JEAN PAUL II, exhortation apostolique sur la catéchèse en notre temps *Catechesi tradendae* (16 octobre 1979).

LES ÉVÊQUES DE FRANCE, *La Catéchèse des enfants. Texte de référence au service des auteurs de publications catéchétiques et des responsables de la pastorale*, Centurion, 1980.

LES ÉVÊQUES DE FRANCE, *Pierres vivantes.* Recueil catholique de documents privilégiés de la foi, Éditeur Catéchèse 80, 1981, nouvelle édition, 1994.

LES ÉVÊQUES DE FRANCE, *Catéchisme pour adultes*, Éditeur Catéchèse 80, 1991.

Catéchisme de l'Église catholique, Mame-Plon, 1992.

CENTRE NATIONAL DE L'ENSEIGNEMENT RELIGIEUX, *Modes d'emploi du Catéchisme pour adultes*, Éditeur Catéchèse 80, 1992.

Points de repère en pastorale sacramentelle, Documents Épiscopat 10/11 (juin 1994).

LES ÉVÊQUES DE FRANCE, *Proposer la foi dans la société actuelle. Lettre aux catholiques de France*, Paris, Éd. du Cerf, 1996.

CONGRÉGATION POUR LE CLERGÉ, *Directoire général pour la catéchèse*, Centurion/Éd. du Cerf/Lumen vitae, 1997.

Rituel pour l'initiation chrétienne des adultes, Desclée-Mame (1997).

Lettre du pape Jean-Paul II aux artistes (4 avril 1999).

JEAN PAUL II, lettre apostolique pour le début du nouveau millénaire *Novo millennio ineunte* (6 janvier 2001).

COMMISSION ÉPISCOPALE DE LA CATÉCHÈSE ET DU CATÉCHUMÉNAT, *Aller au cœur de la foi. Questions d'avenir pour la catéchèse*, Bayard/Éd. du Cerf/Fleurus-Mame, 2003.

JEAN PAUL II, encyclique sur l'eucharistie dans son rapport à l'Église *Ecclesia de eucharistia* (17 avril 2003).

JEAN PAUL II, lettre apostolique pour le 40e anniversaire de la constitution *Sacrosanctum concilium* sur la liturgie *Spiritus et sponsa* (4 décembre 2003).

JEAN PAUL II, lettre apostolique pour l'année de l'eucharistie *Mane nobiscum Domine* (7 octobre 2004).

DIRECTOIRE POUR LE MINISTÈRE PASTORAL DES ÉVÊQUES *Apostolorum successores* (22 février 2004).

Catéchisme de l'Église catholique. Abrégé, Bayard/Éd. du Cerf/Fleurus-Mame, 2005.

BENOÎT XVI, lettre apostolique en forme de *motu proprio* pour l'approbation et la publication du *Compendium* du *Catéchisme de l'Église catholique* (28 juin 2005).

BENOÎT XVI, JMJ de Cologne, veillée avec les jeunes (20 août 2005).

Table des matières

Chapitre 2
Le mystère de Pâques au cœur de l'initiation

Chapitre 3
Les points d'appui d'une pédagogie d'initiation en catéchèse

PROPOSITIONS POUR L'ORGANISATION DE L'ACTION CATÉCHÉTIQUE

Achevé d'imprimer en novembre 2006
dans les ateliers de Normandie Roto Impression s.a.s.
61250 Lonrai (France)
Dépôt légal : novembre 2006

N° d'éditeur : 14072
N° d'imprimeur : 062770